성공하는
한국인의
7가지습관

루트앤윙

• 이 책은 2004년 6월에 출간된 《성공하는 한국인의 7가지 습관》의 개정증보판입니다.

성공하는 한국인의 7가지 습관

루트앤윙
Root & Wing

한스미디어

● 프롤로그

루트 앤 윙 Root and Wing 의 원칙을 따르는 삶

진정한 성공이란 과연 무엇인가

1998년 5월. 멕시코의 한 실내 체육관에 관중들이 구름처럼 모여들었다. 지난 23년 동안 멕시코 프로레슬링을 주름잡았던 '마법사의 폭풍'이 은퇴하는 날이었기 때문이다. 레슬러로서는 아주 늦은 나이인 30세에 프로레슬링에 입문한 그는 화려한 개인기와 황금 가면을 비롯한 현란한 분장으로 언제나 관객들을 흥분시키며 열광하게 만들었다. 팬들은 위기의 순간에도 결코 꺾이지 않고 강한 의지력으로 상대를 압도하는 의지의 사나이 '마법사의 폭풍'에게 매료되었고, 그는 멕시코 최고의 레슬러로 사랑과 존경을 듬뿍 받았다. 23년 동안 자신들을 즐겁게 해 준 그가 어느 새 53세의 중년이 되어 은퇴를 한다는 사실에 팬들은 모두 안타까워했다.

그가 링 위에 오르자 팬들은 함성을 지르며 모두 자리에서 일어나 열광하기 시작했다. 관중들은 그칠 줄 모르는 기립 박수로 그에 대한 사랑과 존경의 마음을 마음껏 표현했다. 서서히 박수 소리가 잦아들자 '마법사의 폭풍'은 두 손을 천천히 들어 23년 동안 한 번도 벗어본 적 없는 자신의 황금 가면을 벗기 시작했다. 관람석에서는 비명에 가까운 환호성이 터져 나왔고 곧이어 체육관에는 숨소리마저 들리지 않는 적막이 흘렀다.

황금 가면을 다 벗자 카리스마를 내뿜던 레슬러 대신 흰머리가 희끗 희끗 보이는 인상 좋은 중년의 사내가 나타났다. 그의 눈은 촉촉하게 젖어 있었다. 잠시 후 그는 마이크를 잡고 천천히 입을 열었다.

"여러분, 감사합니다. 저는 작은 카톨릭교회의 신부인 세르지오 구티에레스입니다. 프로레슬링을 하는 동안 착한 우리 고아들을 잘 키워낼 수 있었고 그들에게 꿈과 희망을 줄 수 있어 더없이 행복했습니다."

세르지오 신부는 23년 동안 신분을 감추고 프로레슬링 무대에 올라 그 수익금으로 3000명의 고아를 돌봐왔던 것이다. 그의 말이 끝나고 잠시 정적이 감돌더니 곧이어 뜨거운 기립박수가 쏟아졌다.

나는 세르지오 신부의 이야기에 깊은 감명을 받았고 '진정한 성공이란 과연 무엇인가'에 대해 곰곰이 생각해 보게 되었다.

미국의 사상가인 랄프 왈도 에머슨 Ralph Waldo Emerson 은 다음의 시를 통해 이렇게 노래했다.

자주 그리고 많이 웃는 것.
현명한 이에게 존경을 받고 아이들에게서 사랑을 받는 것.
정직한 비평가의 찬사를 듣고 친구의 배반을 참아내는 것.
아름다움을 식별할 줄 알며 다른 사람에게서 최선의 것을 발견하는 것.

건강한 아이를 낳든 한 뼈기의 정원을 가꾸든 사회 환경을 개선하든
자기가 태어나기 전보다 세상을 조금이라도 살기 좋은 곳으로
만들어 놓고 떠나는 것.
자신이 한때 이곳에 살았음으로 인해 단 한 사람의 인생이라도 행복해지는 것.
이것이 진정한 성공이다.

— 〈성공이란〉

  수년 전 빌 게이츠와 워렌 버핏이 대학생들을 상대로 토크 콘서트를 한 적이 있었다. EBS에서 우연히 보게 된 장면에서 한 대학생이 다음과 같이 물었다.
  "진정한 성공이 무엇이라고 생각하십니까?"
  버핏은 잠시 생각하더니 확신에 찬 표정으로 이렇게 대답했다.
  "여러분이 내 말을 들으면 깜짝 놀랄 것입니다. 가까운 사람들에게 사랑을 받는 것이 진정한 성공이라고 생각합니다."

한때 우리 사회는 치열한 경쟁에서 승리해 피라미드의 정점에 올라서는 것이 성공인 것처럼 부추기는 분위기가 팽배했다. 강원도 산골에서 빈농의 아들로 태어났지만 힘들게 거대기업을 이뤄낸 인물을 내세우며 우리 모두가 그런 자세로 치열하게 앞만 보고 달려가야 한다는 패러다임이 지배적이었다. 어쩌면 지금도 겉으로는 내색하지 않으려 애쓰지만, 무의식 중에는 그런 경쟁에서의 통쾌한 승리를 꿈꾸고 있는지도 모른다.

그러나 진정한 성공은 그런 것이 아니다. 특정한 지위에 오르거나 몇십억, 혹은 몇백억의 자산을 구축하는 것, 또는 누구에게나 인정받고 추앙 받는 성과를 이뤄내는 것이 성공이라고 생각하던 시대는 이미 지났다. 가면을 쓴 채 링 위에 올라 고아들을 위해 자신의 몸을 던지며 땀과 눈물을 흘린 세르지오 신부의 삶이 진정한 성공에 훨씬 더 가깝게 느껴지는 이유는 무엇일까? 한때의 유행으로 성공의 잣대를 이리저리 움직여 측정하자는 의미가 아니다. 진리는 변치 않듯, 진정한 성공의 의미 역시 예로부터 오직 하나뿐이다.

> 자신의 삶을 진정 사랑하고 그 행복감으로
> 주위 사람들을 참된 행복으로 이끌 수 있는 삶

타인과의 경쟁에서 이기는 것이 아니라 자신의 삶 자체를 사랑하는 것이 '진정한 성공'인 것이다. 그렇다고 삶을 대충 여유롭게 즐겨도 좋다는 의미는 결코 아니다. 오히려 더욱 혹독한 자기계발에 직면하게 만드는 것인지도 모른다. 어떻게 하면 이런 진정한 성공의 단계에 도달할 수 있을까?

지난 2010년 6월, 99세의 나이로 타계한 미국 농구계의 전설적 지도자인 존 우든John Wooden은 이렇게 말했다.

"성공이 무엇이냐고요? 내가 할 수 있는 최상의 노력을 했다는 것을 아는 것에서 얻어지는 자기 만족, 그리고 마음의 평화죠. 그게 사실이라는 것을 저는 믿습니다. 만약 여러분이 할 수 있는 최대한의 노력을 기울인다면, 그리고 여러분에게 존재하는 상황을 개선하려고 시도한다면, 제가 생각하기에는 그것이 성공입니다."

그는 승리와 성공을 구별하여 말하기를 즐겼는데, 사람들은 승리가 곧 성공이라고 착각하는 경향이 있다고 지적한다. 옳은 말이다. 우리는 자신의 삶을 진정으로 사랑하고 스스로 행복해지기 위해 타인과의 경쟁에서 승리하는 것보다 자신과의 싸움에서 이기려는 노력을 우선적으로 전제해야 한다. 외부적 기준에 나를 끼워 맞추는 노력이 아니라, 내가 태어날 때부터 부여받은 천부적 능력을 최대한 발휘하는 삶에 이를 때 우리는 비로소 행복을 느낄 수 있다. 자신과의 싸움에서 승리를 경험한 자가 누리는 진정한 행복은 즉시 가족과 이웃에게로 전파된다.

존 우든은 성공의 기준이 우리 내부에 있다고 말하며 경쟁 구도 속에서 잊기 쉬운 가장 핵심적인 문제를 지적하고 있다. 그에 따르면 우리는 모두 다르게 만들어졌고 다른 일이 주어졌으며 삶의 기준이 다르므로 자신의 신념에 따라 최선을 다하는 것이야말로 진정한 성공이고 이런 삶을 사는 자가 자유라는 특권을 만끽하며 행복하게 살 수 있다.

루트 앤 윙 Root and Wing 의 원칙

필자는 그간 국내외를 다니며 수백 차례의 자기계발 세미나를 진행해 왔는데, 뒤돌아설 때는 항상 아쉬움을 느껴야만 했다. 세미나에서의 깨달음 자체로는 삶이 변할 확률이 지극히 낮다는 것을 경험을 통해 알게 되었기 때문이다. 더불어 좋은 원리를 알려주는 것보다 그러한 원리들이 삶에 구체적으로 녹아들 수 있는 시스템을 만들고 그 안에서 함께 변화할 수 있도록 직접적인 도움을 주는 것이 더 중요하다는 것도 알게 되었다. 생각 끝에, 지난 수 년간 7가지 습관을 온라인 시스템으로 구현해 운영했고 수천 명의 한국인들이 마이너스 습관에서 탈출해 플러스 습관으로 삶을 개선하는 모습을 목격했다.

《성공하는 한국인의 7가지 습관》은 지난 2004년에 초판을 발행해 수십만 명의 독자들에게 꾸준하게 사랑을 받아왔다. 8년의 세월이 흐른 지금, 우리 한국인들에게 '성공이란 과연 무엇인가'라는 질문을 다시 던져볼 시점이 되었음을 생각하여 초판본에서 다루지 않았던 '성공의 진정한 의미'를 함께 생각해 볼 기회를 갖게 되었다. 아울러 초판을 내놓은 후 마음 한 구석에 아쉬웠던 부분들을 대폭 수정 보완했고, 특히 습관 4의 '뿌리 깊은 독서'에 초점을 맞추어 본 개정판을 집필했다. 더욱 기쁜 일은 인문고전 독서의 중요성을 깨닫고 삶 속에 구체적으로 녹아들 수 있도록 하는 온-오프라인 공동체인 〈한국인문고전 독서포럼〉이 본 개정판의 출간과 동시에 태동하여 많은 분들을 도울 수 있게 된 것이다. 경험에 비춰볼 때, 일회성 강연에서 머무는 것보다 시스템을 접목해 함께 노력하는 것이 훨씬 더 큰 효과를 불러 일으킨다.

이제 우리의 인생을 근본 토양부터 갈아 엎어야 할 때다. 8년 전과 비교해 현재는 소수 지배층이 자신들의 기득권을 유지하기 위해 교묘하게 대중의 눈과 귀를 막고 지배하려고 하는 것을 쉽게 감지할 수 있다. 이런 세상의 부조리에 맞서 우리가 저항할 수 있는 거의 유일한 방법은 생각을 근본부터 갈아 엎고 새롭게 변화하는 것이다.

그 동안 우리는 자신의 생각에 어떠한 영양분을 공급해 주었는가? 정크 푸드로 그럭저럭 때워왔던 저급한 습관을 폐기하고 이제는 천 년 묵은 산삼을 매일 복용하는 혁명적인 접근을 시도해야 한다. 생각이 바뀌면 행동이 바뀌고 행동이 바뀌면 습관이 바뀐다. 모든 것은 생각으로부터 시작되는 것이다. 가장 중요한 것은 내 생각의 깊이와 넓이와 높이와 길이가 어느 정도까지 확장될 수 있는가 하는 것이다.

유대인들의 교육 철학을 루트 앤 윙Root and Wing이라고 한다. 인생의 목적지를 향해 날아갈 수 있는 날개를 달아 주기 전에, 생각의 근본 뿌리를 깊고 굵게 잘 다듬어 주어야 한다는 불변의 진리를 담고 있는 교육 철학이다. 그들은 이 원칙을 지난 수천 년 동안 흔들림 없이 지켜왔고 그 결과 인구 10만 명 당 1명의 노벨상 수상자를 배출하는 기적을 해마다 이뤄내고 있다.

모쪼록 이 책에서 제시한 7가지 습관을 잘 이해하고 자신의 것으로 만들기 위해 몸부림치는 많은 한국인들을 새롭게 만날 수 있기를 소망한다. 그저 잠깐의 도전으로 이 책을 덮지 않고 공동체를 이루어 행복한 성공자로 우뚝 서서 나와 너, 우리 모두를 변화시키는 새로운 물결을 일으킬 수 있기를 기대한다.

2012년 가을
조신영

프롤로그 루트 앤 윙의 원칙을 따르는 삶 • 4

1부. 어제와 다른 오늘, 오늘과 다른 내일을 위해

1. 우리의 적은 과연 누구인가? • 19
2. 거짓의 진흙 덩어리를 깨부수자 • 25
3. 지금 나의 가치는 얼마인가? • 28
4. 나는 나에게 어떤 CEO인가? • 30
5. 진정한 성공의 의미를 생각하며 • 36

2부. 습관으로 완성되는 자기 경영의 핵심

1. 미엘린에 담긴 습관의 과학 • 47
2. 자기 경영 방정식 ① – 능력과 삶의 질의 함수 • 51
3. 자기 경영 방정식 ② – 동기의 중요성 • 53
4. 자기 경영 방정식 ③ – 습관 고도화의 원칙 • 60
5. 공동체를 통해 플러스 습관 함께 익히기 • 68

3부. 성공하는 한국인의 7가지 습관

습관1 규칙적 기상 – 주도적 실행 능력의 회복
  1. 규칙적 기상은 성공하는 습관의 킹 핀 • 83
  2. 플러스 3시간 공식 • 85
  3. 기상 습관을 바꿔야 하는 4가지 이유 • 88
  4. 규칙적인 기상 습관을 정착시키는 3대 원칙 • 92
  5. 기상·취침 시간 기록을 통한 습관화 훈련 • 97
  6. 21-1=0 • 100
  7. 나만의 수면 스타일 찾기 • 104

습관2 아침 묵상 – 플러스 사고력과 추진력 키우기
  1. 플러스 사고력의 엄청난 힘 • 113
  2. N O W H E R E 를 읽는 힘 • 116
  3. 아침 묵상으로 정신 단련하기 • 119
  4. 아침 묵상은 우리를 길들이려는 세상을 향한 무기 • 125
  5. Response + Ability = Liberty • 130
  6. 이타주의의 역설적 힘 • 135

습관 3 **효율적 시간 관리 – 목표 중심의 인생관리 능력 함양**
  1. 인생의 비행기는 지금 어디로 날고 있는가? • 141
  2. 시간 관리의 비결은 큰 그림을 먼저 그리는 것 • 144
  3. 비전의 힘 • 146
  4. 비전의 세 가지 핵심 요소 • 149
  5. 100개의 드림 리스트 작성하기 • 153
  6. 인생의 설계도를 작성하는 구체적인 방법 • 158
  7. 인생 설계도의 위력 • 164
  8. T-W-M 순환 공식 • 175
  9. 효과적인 시간 관리법 • 179
  10. 시간 관리 습관을 체질화하려면 • 183

습관 4 **뿌리 깊은 독서 – 인생의 근본 토양을 갈아엎는 힘**
  1. 생각대로 살지 않으면 사는 대로 생각할 수밖에 없는 세상 • 189
  2. 수평적 독서를 통한 평생 학습 • 194
  3. 독서 습관을 방해하는 세 가지 장애물 • 199
  4. 효율적인 독서를 위한 하루 3분 훈련 • 205
  5. 지식의 냉장고와 1-10-100 독서법 • 210
  6. 인생의 근본 토양을 갈아엎는 인문고전 수직 독서 • 213
  7. 뿌리 깊은 수직 독서의 위력 • 220
  8. 수직적 인문고전 독서에 목숨을 걸어라 • 224
  9. 12년을 투자해 인문고전 100권에 도전해 보자 • 229

습관 5 꾸준한 건강 관리 – 인생의 목적을 이루는 강건한 체력 유지

1. 우리 몸이 건강하지 못한 세 가지 이유 • 237
2. 효율적인 건강 관리를 위한 3가지 대안 • 240
3. 건강 관리 습관을 정착시키는 하루 패턴 • 244
4. 건강 관리 습관을 체질화하려면 • 258

습관 6 감사 일기 – 자기 성찰적 사고의 선순환 완성

1. 자기 성찰적 사고와 일기 쓰기 습관 • 265
2. 만다라트 기법을 응용해 감사할 일들 찾아내기 • 267
3. 감사 일기는 T-W-M 선순환 구조를 완성한다 • 273
4. 암묵지를 형식지로 변환하는 최고의 방법, 대화 일기 • 277

습관 7 공감적 대화 – 타인을 진정으로 이해하는 태도

1. 엘리터에서 리더로 발전하는 습관 • 287
2. 안경을 바꿔 쓰는 지혜 • 290
3. 공감이란 무엇인가? • 294
4. 공감적 대화 습관의 비결 ① 생각 비우기 • 296
5. 공감적 대화 습관의 비결 ② 귀 기울이고 침묵하기 • 301
6. 공감적 대화 습관의 비결 ③ 상대방 인정하기 • 307

에필로그 인생의 무대를 마음껏 날게 하는 위대한 습관의 힘 • 316

성공하는 한국인의 7가지 습관

성공이란 과연 무엇인가? 사람들은 대개 성공하면 행복할 것이라는 패러다임을 갖는다. 그리고 이 때 말하는 성공이란, 주로 타인과의 경쟁에서 승리해 특정한 지점 즉 피라미드의 정점에 올라가는 것을 의미한다. 그러나 이런 패러다임에는 큰 허점이 있음을 기억해야 한다. 사람들은 모두 다른 조건과 환경에서 태어난다. 인생은 육상과 달라 어떤 이는 골인 지점 바로 앞에 출발선이 그어져 있고, 어떤 이는 수백 미터 밖에 출발선이 그어져 있다. 인생이라는 게임의 룰이 지독히도 불공평한 것처럼 보이기도 한다. 하지만 인생은 육상 경기처럼 모두 같은 목적지를 향해 달려가는 게 아니다. 모두가 1등, 피라미드의 꼭대기를 향해 가는 것이 아니라 자기만의 행복을 찾아 떠나는 과정이다. 자기 경영을 통해 나의 행복이라는 목적지에 도달하는 것이다.

1부

어제와 다른 오늘, 오늘과 다른 내일을 위해

지금부터 10년 후는 반드시 온다.
-앤서니 라빈스

1
우리의 적은
과연 누구인가?

얼마 전 인테리어를 새롭게 바꾼 집 근처 도서관을 찾았다. 노트북을 자유롭게 쓸 수 있는 개방형 서가의 열람실은 여전히 사람들로 북적였다. 찬찬히 사람들의 모습을 살펴보니 귀에 이어폰을 꽂고 넷북의 화면을 바라보며 각종 동영상 강좌를 듣고 있는 젊은이들이 대부분이었다. 내 맞은편에는 붉은색 티셔츠를 입은 두툼한 입술의 청년이 앉아 공부하고 있었다. 호기심이 동하여 청년이 무슨 공부를 하고 있나 조심스레 들여다 보았다. 독서대 위에 놓인 두꺼운 책의 표지가 보인다.

《7-9급 각종 공무원 시험 대비》

리모델링으로 반짝반짝 빛나는 도서관 서가에는 온갖 인문 교양서와 고전들이 빼곡히 들어차 있지만 열심히 취업 준비를 하는 20대들에게는 그림의 떡일 뿐이다. 영어 공부와 시험 대비 문제집을 풀 시간에 인문 고전 독서를 한다는 것은 그저 사치스러운 시간 낭비이기 때문이다.

불과 몇 년 만에 확연하게 달라진 우리 20대의 그늘진 모습이 마음을 우울하게 했다. 지식기반의 정보사회가 급격히 발달하고 신자유주의의 물결이 전 세계를 강타하면서 강자는 더욱 강해지고 약자는 더욱 약해진 지 벌써 오래다. 세상은 왜 이렇게 양극화로 진행된 것일까? 80~90년대까지만 해도 우리 사회는 대학을 졸업하면 크고 작은 회사에 넉넉하게 취직하거나 괜찮은 사업체를 창업해 한 가정을 꾸릴 수 있을 만큼 비교적 여유가 있었다. 하지만 IMF를 통과하면서부터 급격하게 사회 구조가 바뀌기 시작했고 서서히 승자 독식의 세상으로, 1%의 특권층이 99%를 지배하는 시스템으로 돌변하고 말았다. 시골의사 박경철 씨는 이러한 현상의 본질에 대해 다음과 같이 날카롭게 지적한다.

희망의 세대인 청년이 절망하고, 사회는 분열되어 증오의 언어들이 난무한다. 원인은 여러 가지고 원인의 원인 역시 복잡하지만 본질은 〈탐욕〉 때문이다.
예컨대 누가 공장을 여러 개 지어 돈을 많이 벌게 되면 그것에 감사하기보다는 새로운 탐욕에 사로잡힌다. 공장을 지키는 일을 남에게 맡기지 않고 내가 경비회사를 차려 그 돈까지 벌고 싶고, 노동자들의 점심값으로 식당에 돈을 주느니 내가 식당을 차려 그 돈도 벌고 싶고, 광고를 맡기느니 그것도 내가 하고 싶고, 나중에는 공장에서 쓰는 문구류마저 직접 조달해 더 많은 돈을 벌고 싶은 탐욕에 빠져드는 것이다. 이렇게 자본이 탐욕에 빠지면 경비 일을 하는 사람, 광고를 만들던 사람, 식당 주인, 문방구 주인들이 일자리를 잃거나 거기에 취직해서 살아가야 하는 상황이 되고 만다. 사람들이 각자의 꿈을 갖고 도전해 볼 기회가 사라지고 모두들 그 앞에 줄을 서서 처분만 기다리는 신세로 전락하고 마는 셈이다.

그렇게 되면 창의성과 열정은 사라진다. 줄을 서서 생존하려면 전혀 다른 것, 이를테면 토익 점수와 각종 증명서를 준비해야 한다. 창업자로서의 재능이 아닌 조직의 일원으로서 무난한 태도를 기르기 위해 자신의 끼를 모두 죽여야 하는 것이다. 우리나라에서 사라진 것이 바로 이런 생태계다.

－《시골의사 박경철의 자기혁명》 본문 중

젊은이들이 목을 매고 황금 같은 시간을 투자하는 대상이 스펙이 되어 버렸다. 하지만 스펙을 강요하는 우리 사회에 감춰진 진실은 실로 잔인하다. 화려한 스펙을 쌓아 수십 대 일의 경쟁을 뚫고 어렵사리 취업한 기업에서 20대에게 주어지는 일이란 고작 복사기를 돌리거나 잔심부름하는 것이 대부분이다. 인권연구소 '창'의 연구활동가인 엄기호 씨는 《이것은 왜 청춘이 아니란 말인가》에서 다음과 같이 지적하고 있다.

"기업은 애초부터 스펙에는 관심도 없다. 현재 체제가 잉여를 생산하는 시스템이기 때문에 스펙은 결국 탈락시킬 놈들을 찾기 위해 강조되는 명분일 뿐이다."

기업들의 이 잔인한 전략은 적중했다. 이 체제에서 스펙이라는 괴물을 등장시킴으로써 취업 경쟁에서의 실패를 모두 20대 개인의 책임으로 돌려 버렸다. 사회 구조 자체가 떠안고 고민하며 해결해야 할 일들을 고스란히 20대의 개인적인 책임으로 전가해 버린 것이다.

북유럽의 한 나라는 젊은이들에게 실로 과감하게 투자한다. 이 나라는 90년대 후반부터 '생애 첫 자금지원'이라는 프로젝트를 시작했다. 이 나라 국민이라면 누구나 만 20세 이후로 은행을 통해 약 2천만 원 가량을 조건 없이 지원 받을 수 있다. 청년들은 이 돈을 어떤 용도로든 자유롭게 쓸 수 있다. 학자금에 보탤 수도 있고 집세를 내는 데 사용할 수도 있다. 대다수 청년들은 이 돈으로 전 세계 곳곳으로 배낭 여행을 떠난다고 한다. 대부분의 학생들이 국립대학을 다니기에 등록금 걱정을 하지 않아도 되는 이 나라의 청년들에게는 이 2천만 원의 자금이 경험과 지식을 쌓는 소중한 밑거름으로 사용되고 있다. 스웨덴의 이야기다.

미국 세인트루이스의 한인 리더와 식사를 나누면서 들었던 이야기도 떠오른다.
"이 지역의 유대인들은 얼마나 공동체 정신이 강한지, 놀랍기도 하고 무섭기도 합니다."
호기심에 눈을 반짝이며 들었다.
"유대인 아이들이 만으로 13세가 되어 성인식을 할 때면 지역의 유대인들이 모두 모여 흥겨운 축제를 벌이는데, 이때 일종의 축의금을 준비해 건넵니다. 한 아이의 성인식 때 모이는 축의금의 규모가 결코 만만치 않아요. 대략 5만 불 가량이 모이지요. 잔치가 끝나면 부모들이 그 자금을 관리해 아이가 대학을 졸업할 때쯤 전달해 줍니다. 유대인들답게 그 돈을 각종 주식이나 펀드에 투자해 거의 두 배에 달하는 금액, 대략 10만 불 정도로 불립니다."

부러움 가운데 오랫동안 머릿속을 맴돌던 꿈 같은 이야기이다. 남의 나라 이야기, 남의 민족 이야기를 하며 부러워하고 있을 수만은 없다. 세상 돌아가는 것이 그러하니 난들 어쩌랴 생각하며 그냥 주저앉아 되는 대로 시류에 휩쓸려 살아갈 수는 없는 일이다.

노년에 접어든 한물간 정치인이 있었다. 그는 빚에 시달리며 간식조차 줄여야 하는 상황에서도 결코 위축되지 않았다. 정적政敵들은 독일의 재무장에 대해 거듭 경고의 나팔을 불어대는 그 늙은 정치가를 전쟁광으로 몰아 부치며 좌절시키려 했다. 누가 보더라도 성질 고약한 이 늙은이는 그럼에도 불구하고 결코 실망하거나 낙심하지 않았다. 그는 자기 자신에 대해 이렇게 생각했다.
"나는 위대한 존재다. 나는 언젠가 우리 조국 영국을 위기에서 구해낼 큰 사명을 띠고 태어났다."

윈스터 처칠의 자신감은 이러한 자기 인식으로부터 출발했다. 결국

히틀러가 유럽을 재침공하며 영국을 압박해 오자, 여왕은 윈스턴 처칠을 수상으로 전격 발탁했고 그는 영국군대를 지휘해 승리를 쟁취했다. 그가 외치는 교훈은 분명하고 우렁차다.

"우리는 나가 싸워 이기든지, 아니면 죽음을 선택해야만 한다!"

나가 싸워 승리를 쟁취하든지, 아니면 죽든지, 양자 택일의 기로에 우리 자신이 서 있다. 당연히 우리는 나가 싸워 승리를 쟁취해야 한다. 문제는 이 싸움의 대상이 누구냐 하는 것을 정확히 아는 것이다. 처칠에게는 히틀러와 나치즘이라는 확실한 적이 있었다. 그렇다면 우리의 적은 과연 누구인가?

재벌과 소수 특권층에만 한없이 유리한 비정상적인 경제구조? 부의 세습을 고착화하는 모순 덩어리의 교육현장? 아무리 발버둥 치고 노력해도 뚫을 수 없는 일자리의 유리 천장? 모두가 적일 수 있다. 그러나 그보다 먼저 우리가 깨부수어야 할 적은 나를 두껍게 덮고 있는 '거짓의 진흙 덩어리'이다. 외부의 적에 초점을 맞추고 상황이 바뀌기만을 기다리며 세월을 허비하는 것은 어리석은 일이다. 나를 두껍게 덮고 있는 거짓의 진흙, 그 정체를 파악하고 그것을 깨부수는 작업을 지금 당장 시작해야 한다.

거짓의 진흙 덩어리 속에 숨어 있는 진짜 나를 찾고 어제와 다른 오늘을, 오늘과 다른 내일을 경험할 수 있는 방법을 함께 살펴보도록 하자.

2
거짓의 진흙 덩어리를 깨부수자

태국의 수도인 방콕의 야오와랏 거리에는 '왓 트라밋'이라는 조그마한 사찰이 있다. 이 곳에는 무게가 5.5톤에 달하는 3미터 높이의 거대한 황금 불상이 있는데 값어치만도 약 1억 9천 6백만 달러나 된다고 한다. 언제나 많은 사람들로 북적이는 이 불상 앞에는 조그마한 유리 상자가 놓여 있고, 그 안에는 진흙 덩어리들이 보관되어 있다. 평범한 진흙 덩어리에 담긴 사연은 이 곳을 찾는 많은 이들에게 적지 않은 충격을 주곤 한다. 유리 상자에 적힌 사연은 다음과 같다.

1957년, 방콕을 통과하는 고속도로 공사로 인해 사원의 위치를 옮겨야 했다. 사찰의 승려들은 진흙 불상을 새로운 장소로 이동하기로 결정한다. 크레인을 동원해 거대한 진흙 불상을 들어 올리는 순간, 엄청난 무게 때문에

불상에 금이 가기 시작했고 설상가상으로 비까지 내렸다. 주지 승려는 작업을 취소하고 커다란 비닐로 불상을 덮어 두었다.

그날 밤 주지 승려는 불상의 파손 부위를 점검하기 위해 비닐을 젖히고 플래시로 불상을 비추었다. 금이 간 곳을 비추자 희미한 빛이 새어 나왔고, 이를 이상하게 여긴 주지는 그 반사광을 자세히 살펴 보았다. 아무래도 불상 내부에 무엇인가 들어 있는 것 같았다. 끌과 망치를 가져다가 진흙을 조심스럽게 걷어내기 시작했다. 작업이 진행될수록 새어 나오는 빛이 더 강렬해졌다. 오랜 작업 끝에 그는 황금으로 만들어진 거대한 불상 앞에 마주 서게 된다.

역사가들의 증언에 의하면 수백 년 전 미얀마 군대가 태국(사이암 왕조)을 침략한 적이 있었다고 한다. 사이암의 승려들은 나라가 위태로운 것을 깨닫고 자신들이 소중히 여기는 황금 불상에 진흙을 입히기 시작했다. 미얀마에게 빼앗기지 않으려는 자구책이었던 것이다. 미얀마 군대는 사이암의 승려들을 모두 학살했고, 그 결과 황금 불상의 비밀은 영원히 수수께끼로 남아 있다가 1957년이 되어서야 우연히 세상에 밝혀지게 된 것이다.

이 이야기를 읽으며 나는 커다란 충격과 희망을 동시에 느꼈다. 우리 모두는 개인적으로 겪었던 부정적인 경험들 때문에 황금과도 같은 자신의 가치에 두려움과 불안이라는 진흙을 발라 온 것은 아닐까? 미국의 시스템연구가이자 미래학자였던 버크민스터 풀러 Buckminster Fuller 는 이렇게 말했다.

"모든 아이들은 다 천재로 태어난다. 그러나 불행하게도 그 중 99.9%의 아이들은 태어나자마자 부모와 주위 환경으로부터 자신의 천재성을 박탈당하기 시작한다."

그렇다. 지금의 내 모습은 진흙으로 잔뜩 덧칠해진 가짜 모습일 수 있다. 진흙 불상은 겨우 2천만 원에 불과했지만 황금 불상의 가치는 2천억 원으로 무려 만 배 이상으로 뛰어 올랐다.

인간의 두뇌를 연구하는 학자들도 이와 비슷한 견해를 가지고 있다. 뇌는 좌뇌와 우뇌로 구분되는데, 그 뿌리 부분에 간뇌라는 영역이 있다. 바로 이 간뇌에 좌뇌와 우뇌보다 8만 배나 빠르게 정보를 흡수할 수 있는 초능력이 있다고 한다. 우리는 왜 8만 분의 1도 안 되는 능력으로 발버둥 치고 있는 것일까? 답은 간단하다. 간뇌가 진흙 불상처럼 원래 모습이 아니라 무언가에 두텁게 둘러싸여 있기 때문이다. 간뇌의 능력을 회복시키기 위해서는 자연으로 돌아가 오감을 계속 회복해야 한다는 학술 이론이 설득력을 발휘하고 있다.

신이 우리에게 부여한 능력을 과소평가해서는 안 된다. 우리의 모습이 이렇듯 시시하고 나약하기만 한 것이 결코 아니기 때문이다.

이 책에서는 우리의 삶을 두껍게 덮고 있는 거짓의 진흙 덩어리를 깨부수는 습관의 힘을 제시하고 있다. 앞으로 다루게 될 7가지 습관을 몸에 익혀 나의 것으로 만든다면 삶은 상상 이상의 놀라운 모습으로 당신 앞에 모습을 드러낼 것이다.

3
지금 나의 가치는 얼마인가?

인류 역사에서 가장 큰 부자는 누구였을까? 기네스북에 의하면 1913년에 9억 달러의 재산을 소유한 미국의 존 록펠러John Rockefeller가 그 주인공이다. 9억 달러를 현재의 화폐 가치로 환산하면 약 1,896억 달러가 되는데, 록펠러가 이 돈을 50년 동안 단 한 시간도 멈추지 않고 꾸준하게 벌었다고 가정하면 시간당 약 43만 달러(5억 2천만원)를 번 셈이다.

1980년대 미국 일리노이 대학의 해부학 교수 할리 멘센 박사는 사람의 몸이 2.25kg의 칼슘, 500g의 인산염, 252g의 칼륨, 168g의 나트륨, 28g의 마그네슘, 28g 이하의 철과 동으로 이루어졌고 체중의 65%가 산소, 18%가 수소, 10%가 탄소, 3%가 질소로 되어 있어 이를 돈으로 환산하면 겨우 89센트(990원)에 불과하다고 말했다. 겨우 990원이라니!

록펠러는 이 990원의 몸으로 어떻게 시간당 5억 원 이상의 가치를 창출해 냈던 것일까?

나의 현재 가치는 얼마인가? 월급이 3백만 원인 사람의 수입을 한 달의 시간으로 나누면 약 4천 원 정도이다. 무엇이 시간당 수입을 4천 원과 5억 원으로 갈라 놓는 것일까? 이러한 격차는 과연 어디에서 유래하는 것인가? 물론 무수한 이유가 존재할 것이다. 그러나 한 가지 분명한 것은 우리가 창출해내는 모든 가치에는 다양한 차이와 간극이 존재한다는 것이다. 우리가 인정하든 인정하지 않든 세상은 끊임없이 우리의 가치가 얼마인지를 측정하고 있고, 당신을 필요로 하는 어딘가에서는 그 가치가 정당한지 아닌지 언제나 관찰한다.

세상은 아무도 낙관할 수 없는 상황에 이르렀다. 기업이든 개인이든 자신의 부가가치를 끊임없이 향상시키지 않고서는 살아남을 수 없게 된 것이다. 그러나 상황을 맞이하는 자세에서부터 삶은 달라진다. 누군가는 불안한 미래를 두려워만 하지만, 누군가는 흥분과 기대감으로 다가올 미래에 당당하게 도전장을 내민다. 이 책은 괴로운 이들에게는 친절하고 차분하게 희망의 소식을 들려주고, 당당하게 맞서고자 하는 이들에게는 시간 낭비를 최소화하는 가장 빠른 지름길을 알려줄 것이다.

시간당 4천 원과 5억 원의 차이는 지금까지 내가 익혀온 기술들, 내가 만난 사람들, 내가 읽어 온 책들, 내가 낭비한 시간들, 내가 즐겨온 시간들에 달려있다. 이 모든 상황들에 내가 어떤 태도로 살아왔는가가 바로 그 해답이다.

4
나는 나에게
어떤 CEO인가?

우연히 한 다큐멘터리 프로그램에서 아주 특이한 CEO를 보게 되었다. 전 직원을 해외로 여행 보낸 후 텅 빈 공장에 혼자 나와 러닝셔츠와 팬티, 슬리퍼 차림으로 여기 저기 돌아다니며 곳곳에 절전, 절약 등의 포스터를 붙이는 키 작고 배가 불룩 나온 70대 후반의 괴짜 사장. 집무실은 온통 연극 포스터로 도배되어 있고 주로 하는 일은 지난 연극 포스터를 새로운 포스터로 갈아 붙이는 일이란다. 오전 열 시쯤 출근해 하루 종일 연극 포스터만 쳐다보면서 소일하는 그는 일본 미라이 공업의 야마다 사장이다.

'뭐지, 저 사람?'

괴짜스러운 모습에 점점 마음이 불편해지고 있는데, 마침내 기괴한 행동의 절정을 보여준다. 그 내용을 살펴보자.

야마다 사장은 선풍기를 틀더니 동그란 쟁반에 직원들의 이름이 적힌 메모지들을 바람에 날려 보낸다. 취재 기자가 묻는다.

"지금 뭐 하시는 거에요?"

"음. 이거? 과장으로 승진할 사람들 뽑는 거지. 선풍기 바람에 제일 멀리 날아간 사람들이 진급 대상자들이야. 크하하."

"아니, 사장님. 인사 문제를 이런 식으로 처리해도 직원들이 반발하지 않나요? 어떻게 관리자를 이렇게 뽑나요?"

"괜찮아. 우리 회사에선 다 이해해. 누굴 뽑아도 똑같아. 다 잘하거든."

야마다 사장이 재촉한다.

"여기 이것도 한번 촬영해 봐. 우리 회사에선 이렇게도 사람을 승진시키지."

승진 대상자 이름이 적힌 메모지 다섯 장을 가지런히 앞에 놓고 눈을 감은 채 볼펜 한 자루를 쓰러뜨린다.

"야, 됐다. 이번엔 이 친구가 승진이다."

볼펜이 쓰러진 방향에 놓여있던 사람이 승진 대상자라는 것이다. 괴짜 사장이 말을 덧붙인다.

"회사는 직원들이 만들어 가는 거야. 직원들이 기분 좋으면 회사는 저절로 잘 되는 거지."

미라이 공업의 직원은 600명이다. 그들이 부러워지기 시작하는 순간 사장의 또 다른 기행이 화면에 나타난다.

스위치를 끄란 말야. 이 바보야!

사장이 회사 전원 스위치마다 붙여놓은 메모다. 복사기를 만지작거리던 여

직원은 카메라가 다가오자 이렇게 말한다.

"복사기는 회사 전체에서 이거 한 대뿐이에요. 그것도 매일 고장이 나는 걸요. 그래도 괜찮아요."

전 세계에서 최고의 구두쇠를 뽑으라면 틀림없이 야마다 사장일 것이다. 그는 왜 이렇게 경비 절감에 집착하는 걸까?

"회사가 수익을 내려면 반드시 원가를 절감해야 해. 대부분의 회사들은 경비 절감을 위해 직원의 급여 총액을 줄이는 손쉬운 방법을 택하지. 인원을 감축하는 거야. 비정규직을 뽑는다든지 하는 방법을 쓴다구. 그러나 내 생각은 달라. 직원은 재료가 아니야. 인간이야. 인간은 절대로 물건처럼 취급하면 안돼."

미라이 공업의 직원들은 일본 유수의 대기업보다 더 높은 연봉을 받으며 70세까지 정년이 보장된다. 여성들은 육아 휴직을 3년까지 쓸 수 있고 전 직원의 1년 휴무 일수는 140일로, 일본 최고의 휴가 시스템을 갖고 있다. 퇴근은 오후 4시 15분. 절대 잔업이 없다. 5년마다 전 직원이 함께 해외 여행을 떠난다. 이렇게 펑펑 쓰면서도 회사가 제대로 운영될 수 있을까?

"우리 회사의 경상 이익률은 15%야. 매출은 2500억 원. 전기재료를 만드는 일본 동종업계에서 시장 점유율 1위라구."

회사 직원들의 표정이 한결같이 밝다. 선풍기 날리기 진급 심사에서 탈락해 수 년째 과장에 오르지 못한 직원들마저 조금도 불만이 없다. 야마다 사장은 샐러리맨의 천국을 일구어 놓았다. 그 비결은 회사 곳곳에 눈만 돌리면 발견할 수 있는 이 회사만의 독특한 표어를 통해 짐작해 볼 수 있다.

항상 생각한다

복도에 2~3미터 간격으로, 계단에도, 화장실에도, 사무실에도, 현관에도 눈만 돌리면 항상 시야에 이 표어가 들어온다.
야마다 사장은 이렇게 말한다.
"우리는 세상과 업계와는 항상 반대로 생각하지!"
미라이 공업이 직원들에게 파격적인 대우를 해 주면서도 업계 1위를 지켜낼 수 있는 이유는 바로 '세상과 항상 반대로 생각하는 힘'에 있었다. 인간의 생각이란 잠시만 틈을 주어도 늘 건강하지 못한 쪽으로 기울어 버린다는 것을 야마다 사장은 잘 알고 있는 듯하다. 표어를 통해 항상 생각하라고 잔소리하는 것은 바로 그런 이유에서일 것이다. 사장으로부터 말단 사원에 이르기까지 그들은 항상 생각한다.

'어떻게 하면 내가 하는 일을 좀 더 효율적으로 할 수 있을까?'
'어떤 아이디어가 제품으로 연결될 수 있을까?'
'불필요한 에너지 낭비를 일으키는 프로세스는 무엇일까?'

이 회사에는 무려 16,200개의 특허가 출원되어 있다. 해마다 직원들이 써서 제출하는 제안서도 1만 건을 넘긴다. 1건의 제안서를 올리면 7천 원의 사례를 하고 제안이 채택되어 회사의 제품으로 연결되면 최대 43만 원까지 받을 수 있다. 그러나 직원들은 사례금을 보고 제안하는 것이 아니었다. 회사를 끔찍이 사랑하기 때문에, 자기가 사랑하는 회사를 더 발전시키기 위해 진심으로 생각하고 또 생각하는 모습이 감동이었다.
야마다 사장은 원래 연극인 출신이다. 현재도 틈만 나면 연극 포스터를 붙이고 극단 사무실을 방문해 지원하는 활동을 펼치고 있다. 그는 자신의 젊음을 송두리째 바쳤던 연극 무대에서 많은 것을 배웠다고 고백한다.
"회사 경영도 연극과 하나 다를 바 없어. 무대의 막이 오르면 감독이 할 수 있는 일은 아무것도 없지. 오로지 배우들이 얼마나 연기를 잘 하느냐에 운명을 거는 수밖에. 회사도 별로 다르지 않아. 사장이 할 수 있는 일은 아무것도 없어. 오로지 직원들이 얼마나 성심껏 열심히 일하느냐에 회사의 운명이 좌우되는 거지."

연극 무대를 떠나 회사를 창업하기로 결심한 야마다 사장은 동료 연극인들과 함께 미라이 공업을 창업했고, 그들은 연극 무대를 만드는 것처럼 회사를 일구어냈다. 45년의 세월이 흐른 지금 미라이 공업은 수많은 사람들에게 감동적인 한 편의 연극이 되어 있다.

우리의 삶은 어떨까? 이 시대를 자기 경영의 시대라고 표현한다. 사장의 입장이 되어 자신이라는 1인 기업을 경영해야 한다는 의미가 강하게 담겨있는 말이다. 우리는 스스로에게 어떤 철학을 가진 사장으로 자리매김하고 있는지 묻고 대답해야 한다. 행복을 얻기 위해 자신의 에너지를 끊임없이 소진하고 학대하며 경쟁의 전쟁터로 스스로를 몰아붙이는 사장인가 아니면 자신이 먼저 행복해야 한다는 생각으로 스스로를 배려하는 사장인가?

이제 환경과 외적인 조건으로 사람을 통제하던 시대는 끝났다. 스스로 정신을 바짝 차리고 '항상 생각하며' 스스로를 조절하고 실력을 연마해 자신의 부가가치를 극대화하는 사람들만이 행복이라는 인생의 최종 목적지에 도달할 수 있다. 기업을 운영하는 CEO의 주요 임무는 한정된 자원, 인력, 물질, 그리고 시간을 투자해 최대의 이윤을 창출해 내는 것, 즉 경영이다. 마치 오케스트라의 지휘자가 각기 다른 악기를 연주하는 수십 명의 연주자들을 통솔해 최고의 연주를 만들고 그로써 청중에게 영감을 불러 일으키듯, 프로야구 감독이 자신에게 주어진 선수들의 능력을 극대화해 한 게임 한 게임 승리를 쟁취해 나가듯, 기업의 CEO는 최대의 이익 창출이라는 목표를 향해 조직과 물질을 부지런히 지휘하는 것이다.

그렇다면 자기 경영이란 무엇인가? 과거에는 스스로에게 주어진 시간, 물질, 능력 등을 관리해 자신의 부가가치를 높이는 것을 '자기 관리'라고 표현했다. 그러나 '관리' 수준으로는 이 시대에서 살아남기 어려우므로 이제는 관리의 차원을 넘어 자기 경영을 해야 한다.

기업의 CEO가 된 마음으로, 지휘자의 감각으로, 프로야구 감독의 노련함으로 최대의 적이자 최고의 동지인 나 자신을 철저하게 훈련시켜야 한다. 현재의 직업이나 환경은 중요하지 않다. 단 한 번밖에 주어지지 않는 인생의 무대에서 나의 능력을 극대화하여 내 인생에 예비된 모든 축복과 행복을 만끽하며 충만한 삶을 누리는 것이 우리의 목적이기 때문이다. 이를 이루기 위해 날마다 고도의 능력과 감각으로 스스로를 경영해 나가라.

5
진정한 성공의 의미를 생각하며

심리학자들은 자신의 삶이 행복한지 아닌지를 측정할 수 있는 간단한 방법으로 취침 전 심리 상태를 점검해 보라고 말한다. 즉, 잠자리에 들 때 다음 날이 기다려지고 빨리 내일이 왔으면 좋겠다고 생각하며 마음이 설렌다면 매우 행복한 상태다. 반대로 고민하는 문제가 있거나 현실에 대한 두려움으로 내일이 오는 것이 반갑지 않다면 별로 행복하지 못한 상태라는 의미다.

고 정주영 회장이 한창 젊었을 때, 새벽 세 시면 일어나 창문을 활짝 열어 젖히며 "태양아 제발 빨리 좀 떠올라라"하고 외쳤다는 일화는 유명하다. 그는 참으로 행복한 청년이었을 것이다.

헝가리계 심리학자인 미하이 칙센트미하이(Mihaly Csikszentmihalyi) 교수는 행복하기 위해서는 '몰입(flow)'이라는 핵심요소가 있어야 한다고 주장했다. 학생, 노동자, 주부, 사업가, 예술가를 막론하고 자신이 지금 하고 있는 일에 정신 없이 푹 빠져서 몰입의 상태를 경험할 때 가장 행복하다는 의미다. 마치 물이 자연스럽게 흐르듯, 모든 것이 유연하고 속도감 있게 전개되어 자기 자신의 상태조차 스스로 의식하지 못할 정도로 빠져든 상태를 몰입이라고 한다.

이런 몰입의 상태를 경험하기 위해서는 두 가지 요소가 필요하다. 하나는 자신의 실력$_{Competence}$이고 다른 한 가지는 현재 자신에게 주어진 과제$_{Task}$의 수준이다. 다음의 〈그림 1〉을 살펴보자. x축은 실력, y축은 과제 수준을 의미한다.

몰입 상태에 도달하기 위한 최적의 조건은 현재 자신에게 주어진 과

● **그림 1** 과제와 실력의 함수 관계에 따른 경험의 질

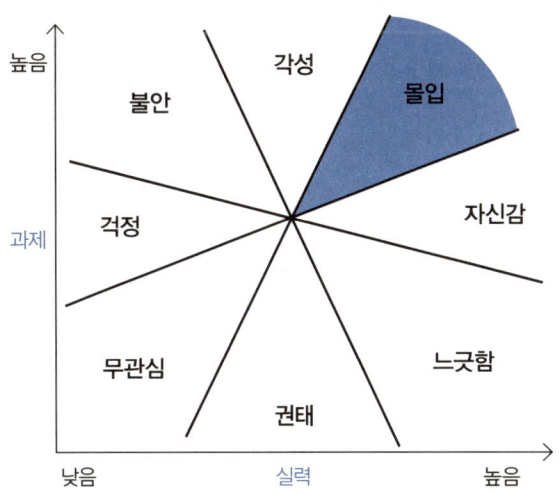

제의 수준이 높은 단계에 있고, 그것을 처리하기 위한 나의 실력도 그 과제를 충분히 수행할 수 있을 만큼 높은 단계에 있을 때이다. 이 경우라면 몰입을 경험할 수 있다.

하지만 그래프를 통해 알 수 있듯이, 자신의 실력이 부족한 경우에는 과제의 수준에 따라 무관심, 걱정, 불안의 상태가 된다. 반대로 현재 주어진 과제가 자신의 능력보다 낮은 단계에 있다면 느긋함을 유지할 수 있다. 얼핏 생각해 보면 이 경우가 가장 행복할 것 같지만 실제로는 그렇지 않다. 능력보다 쉽고 가벼운 업무를 맡게 되면 처음에는 자신감을 가지지만 점차 집중력이 떨어지고 느긋함과 권태, 무관심을 느껴 행복을 잃게 되기 때문이다.

지금 우리의 시대는 무척 빠르게 변화하는 특징을 갖는다. 그만큼 안정감이 낮다. 매일 주어지는 과제의 수준 또한 안정적이지 않아서 때로는 능력보다 낮은 수준의 일이 주어질 때도 있고 때로는 예기치 않게 높은 수준의 과제가 닥칠 때도 있다. 하지만 과제의 수준은 앞으로 점점 더 높아질 것이다. 고도의 경쟁과 과학과 기술의 빠른 발전이 더 높은 수준의 성과물을 요구하기 때문에 그것을 처리해야 하는 우리의 과제 수준 역시 높아질 수밖에 없다.

현재 주어진 과제의 수준이 안정적이어서 안주하고 있는 상태라면 당장 긴장해야 한다. 미래 사회는 결코 안주하는 자의 편이 아니다. 현재 누리고 있는 모든 안정적인 상황들은 순식간에 흔들리고 전복될 수 있다. 〈그림 1〉은 미래를 철저하게 준비하고 대비하는 자만이 지속

가능한 행복을 누릴 수 있음을 암시하고 있다.

나는 30대 초반이었던 지난 94년부터 30대 후반이 된 2000년까지 7년 동안 꿈과 이상만을 쫓아 다녔다. 철저한 자기 반성과 치열한 자기계발의 노력은 하지 않고 내가 가진 이상에 대해 스스로 대견해 하며 바쁜 일상에 빠져 하루하루를 보냈다. 보잘것없는 재능과 순발력에만 의지한 채 7년을 우왕좌왕 하면서 지낸 결과는 머지않아 나타났다. 2000년 9월부터는 마치 윤활유가 떨어진 엔진처럼, 배터리가 방전된 자동차처럼 더 이상 한 걸음도 앞으로 내디딜 수 없는 상태에 이르게 되었다. 모든 것을 포기하고 쉬고 싶어 사직서를 제출했다. 그러면서도 왠지 마음 속에 '어떻게 잘 되겠지'라는 낙관적인 생각을 했다.

그러나 인생은 그렇게 만만한 것이 아니었다. 처절한 실패였다. 끝내 인정하고 싶지 않았으나 완벽한 제로의 상태가 되었다. 아무도 나를 찾는 사람이 없었다. 자유로운 상태가 되면 여기 저기서 함께 일해 보자고 손을 내밀어 줄 줄 알았지만 나만의 착각이었다. 아무도 찾지 않았을 뿐 아니라 그 누구도 동정조차 하지 않았다.

혹독한 대가를 치르고 나서야 정신이 번쩍 든 나는 처음부터 다시 시작하기로 했다. 새벽 4시에 일어나는 것을 시작으로 지난 삶의 방식을 완전히 파괴해 나갔다. 그로부터 3년이 지난 후, 나는 나 자신에게 특별한 선물 하나를 받게 되었는데 그것은 바로 '습관'이라는 삶의 엔진이었다. 습관의 힘은 매일 반복되는 일상 가운데 꾸준하게 내 삶에 필요한 자양분을 채워주고 부족한 것을 저절로 메워 주었으며 강점은 더욱 강하게 만들고 약점은 보완해 주었다.

만약 이 책을 집어 든 독자들 중 현재 비슷한 처지에서 힘겹게 분투하는 이가 시행착오를 조금이라도 줄일 수 있다면 더 이상 바랄 것이 없겠다. 이 책에서 앞으로 소개하게 될 7가지 습관은 진흙을 말끔히 벗은 황금 불상처럼 아직 빛을 발하지 못하고 있는 숨겨진 당신의 진짜 모습을 찾을 수 있도록 도와 줄 것이다. 우리 스스로가 거부하지 않는 한, 놀라운 변화는 반드시 일어난다.

그렇다면 몰입의 상태를 유지하기 위해 끊임없이 실력을 키워 경쟁에서 승리하면 행복은 저절로 내 삶의 한 가운데 놓여지는 것일까? 그렇지 않다. 행복은 우리의 삶에 무언가를 채움으로써 얻어지는 것이 아니라 현재 가진 것으로부터 부족함을 얼마나 덜 느끼는가에 달려있다. 아래 그림을 보자.

● 그림 2 소유와 욕구의 크기에 따른 행복의 정도

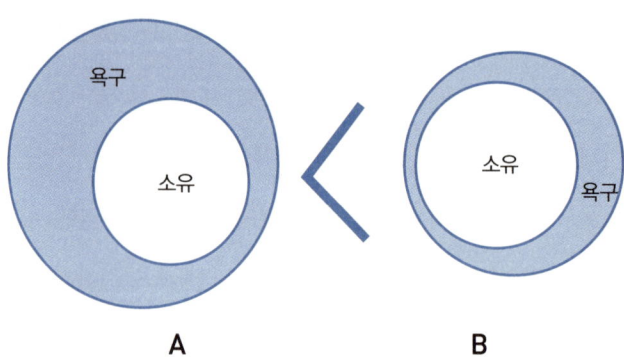

〈그림 2〉에서 A와 B가 소유한 양은 같다. 그러나 A의 욕구는 B의 욕구보다 훨씬 크기 때문에 같은 양을 소유하고도 A는 행복감을 덜 느낀다. 방글라데시나 아프리카와 같은 후진국 사람들의 행복 지수가 의외로 높다는 조사가 이런 사실을 입증한다. 그들의 욕구는 다소 소박해서 아주 적은 것을 갖고도 충분히 만족하고 행복해 하는 것이다. 결국 인간의 행복을 좌우하는 것은 다음의 두 요소로 압축할 수 있다.

- 급변하는 외부 환경의 변화 속에서도 몰입의 상태를 지속적으로 유지하면서 당당하게 자신의 미래를 헤쳐 갈 수 있는 능력의 계발
- 우리의 내면과 인격의 성숙도가 깊어져서 스스로의 욕구를 통제할 수 있고, 항상 부족함을 느끼지 않는 상태로 자신을 조절할 수 있는 인격적인 능력을 갖추는 것

혹자는 지나친 경쟁의 폐해를 역설하며 주어진 현실에 만족하고 안주하는 것이 행복의 비결이라고 주장한다. 그들의 주장은 〈그림 2〉에서 B의 입장을 추구하는 것으로 한편으로는 매우 바람직하다. 그러나 이런 삶의 태도는 반쪽 짜리 행복에 불과하다. 앞에서 살펴본 몰입 그래프(그림 1)에서처럼 주어진 과제를 처리하기에 실력이 부족하면 (실력도 소유의 일종이다) 급변하는 현대 사회에서 온전한 행복을 누리기 어려워지기 때문이다. 어떤 상황에서든 몰입할 수 있도록 실력을 연마하고 끊임없이 우리를 유혹하는 욕구로부터 스스로를 지켜낼 수 있는 인격

의 힘, 이 두 마리 토끼를 동시에 잡아야 행복의 목적지를 향해 나갈 수 있다.

성공하면 행복할까, 행복하면 성공일까?

또 한 가지 유념해야 할 사항이 있다. '성공이란 과연 무엇인가'에 대한 올바른 정의다. 사람들은 대개 성공하면 행복할 것이라는 패러다임을 갖는다. 그리고 이때 말하는 성공이란, 주로 타인과의 경쟁에서 승리해 특정한 지점 즉 피라미드의 정점에 올라가는 것을 의미한다. 그러나 이런 패러다임에는 큰 허점이 있음을 기억해야 한다.

사람들은 모두 다른 조건과 환경에서 태어난다. 인생은 육상과 달라 어떤 이는 골인 지점 바로 앞에 출발선이 그어져 있고, 어떤 이는 수백 미터 밖에 출발선이 그어져 있다. 인생이라는 게임의 룰이 지독히도 불공평한 것처럼 보이기도 한다. 하지만 인생은 육상 경기처럼 모두 같은 목적지를 향해 달려가는 게 아니다. 모두가 1등, 피라미드의 꼭대기를 향해 가는 것이 아니라 자기만의 행복을 찾아 떠나는 과정이다. 자기 경영을 통해 나의 행복이라는 목적지에 도달하는 것이다.

시카고 대학의 교육학자 글레이저 박사는 '달란트' 비유를 통해 다른 사람과의 경쟁으로 행복을 쟁취하려는 적자 생존의 발상이 행복에 도달하기 위한 지도$_{map}$로서 적합하지 않다고 말한다. 경쟁에서 승리하면 상위 집단에 올라가 또 다른 상대와 경쟁하고, 그 중에 다시 우수

집단에 소속되어야 행복을 얻을 수 있기 때문에 결국 무지개를 잡으려는 시도와 다를 바 없다는 것이다.

글레이저 박사는 이렇게 지적한다. "우리의 궁극적 목표는 그것이 5달란트이든, 2달란트이든, 1달란트이든 크기에 관계없이 자본금처럼 갖고 태어난 자신의 능력을 극대화하여 각자에게 주어진 삶의 목적을 이루어 내는 것이다."

이것이 바로 자기 경영의 궁극적인 목표이다. 태어날 때 부여받은 능력을 극대화해서 각자에게 주어진 분량의 행복을 향해 최선을 다해 나가는 것. 글레이저 박사는 또 이렇게 덧붙인다.

"우리는 타인이 아닌, 어제의 내 모습과 경쟁해야 한다. 어제와 비교해 오늘의 내 모습이 더 발전하고 행복해야 하며 오늘보다는 내일의 내 모습이 더 비교 우위에 있도록 만들기 위해 최선을 다해야 한다."

매일의 삶이 충만하고 행복할 때, 비로소 우리는 성공한 삶을 사는 것이다. 성공은 모든 것을 희생하며 도달해야 할 어느 지점을 일컫는 말이 아니다. 지금 이 순간을 온전한 몰입과 충만함 가운데 짜릿하게 누리고 살아가는 것. 즉, 성공은 삶의 과정 그 자체인 것이다.

이제 '습관'이라는 도구를 통해 어떻게 하면 날마다 더 행복하고 성공한 나 자신의 모습으로 살수 있을지를 생각해 보자.

성공하는 한국인의 7가지 습관

자기 경영 방정식 ① **능력과 삶의 질의 함수(P=C)** _가장 올바른 방법이 무엇인지를 알고, 그 방법에 따라 열심히 노력했을 때 비로소 최대의 성과를 얻을 수 있다. 잘못된 방법은 우리의 능력을 최상으로 끌어올리지 못한다.

자기 경영 방정식 ② **동기의 중요성(P= MC)** _M은 motivation으로 어떻게 동기를 부여할 것인가를 의미한다. 어떠한 일이든 동기가 확실하게 부여되지 않으면 우리의 마음은 쉽게 움직이지 않는다. 자신과 하고자 하는 일에 대해 어떻게 동기 부여를 하는가에 따라 그 결과는 달라진다.

자기 경영 방정식 ③ **습관 고도화의 원칙(P= MCH^2)** _아무리 능력(C)이 좋고 전인적인 접근 방식으로 동기(M)를 높인다 할지라도 습관(H)을 이루지 못한다면 삶의 질은 요요 현상을 일으켜 원점으로 귀결되기 마련이다.

2부
습관으로 완성되는 자기 경영의 핵심

노력을 중단하는 것보다 더 위험한 것은 없다.
습관은 버리기는 쉽지만, 다시 세우기는 어렵다.

—빅토르 위고

①
미엘린에 담긴
습관의 과학

미국의 작가 오리슨 스웨트 마든Orison Swett Marden은 이렇게 말했다. "습관이 만들어질 때는 눈에 안 보이는 실과 같지만 그 행동을 반복할 때마다 그 끈이 차츰 강화되고, 거기에 또 한 가닥씩 더해지면 마침내 굵은 밧줄이 된다. 습관은 우리의 사고와 행동을 돌이킬 수 없게 만든다."

놀랍게도 현대 뇌과학은 그의 표현이 과학적 근거가 있는 말임을 입증해 냈다. 우리가 어떤 스킬을 익히거나 무언가를 새롭게 배울 때-자전거를 처음 탈 때를 떠올려보자-이 모든 과정은 미세한 전기 신호가 사슬처럼 연결된 신경섬유 회로를 통해 이동함으로써 이루어진다.

기존의 뇌과학은 이를 뉴런과 시냅스의 개념으로만 해석했다. 우리 몸에는 무려 1천억 개가 넘는 신경세포가 있는데 하나의 신경세포는 각각 1만 5천 개의 신경회로와 시냅스로 연결되어 엄청난 3차원적 그물망을 이루고 있다. 과거의 이론으로는 이 3차원 그물망의 특정 루트를 활성화하면 네트워크가 조금 더 튼튼해진다는 정도였다. 사람이 자주 다니는 산 길은 좀더 넓어지고 단단해 지는 것과 비슷한 원리인 것이다.

그러나 과학은 아주 놀랍고 새로운 물질 하나를 발견했다. 이름하며 미엘린myelin. 2000년 확산텐서영상diffusion tensor imaging이라는 촬영기법이 가능해지면서 비로소 측정과 이미지화가 가능해진 신경계 속에서 발견한 물질이다. 미엘린은 뉴런과 뉴런 사이의 신경세포가 연결되는 회로를 감싸는 절연물질인데, 구리로 된 전선의 겉을 싸고 있는 피복을 생각하면 된다.

〈그림 3〉은 미엘린이 갓 형성되기 시작한 단계의 단층촬영 모습으

● 그림 3 미엘린의 단층촬영 모습-가운데가 신경회로이고 그 주위를 미엘린이 감싸고 있다

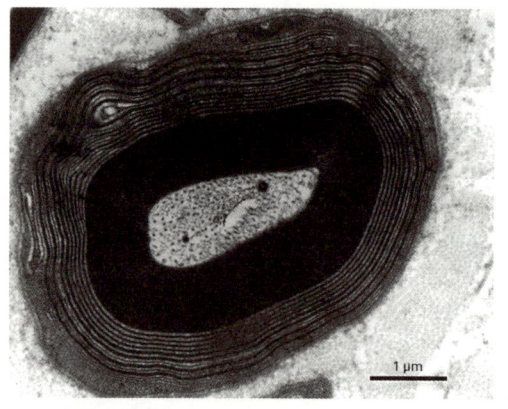

로 마치 신경섬유를 두꺼운 고무줄로 칭칭 감아놓은 듯하다. 육안으로 보기엔 10~15겹 정도를 감싼 것처럼 보이는데, 어떤 경우는 최대 50겹까지 감싸는 것도 있다고 한다.

미엘린이 뉴런과 뉴런 사이의 신경섬유를 감싸면 어떤 일이 벌어질까? 두말할 나위 없이 그 회로는 아주 튼튼하게 구축되어 전기 신호가 손실 없이 빠르게 왕복한다. 미엘린이 구축되기 이전에는 전기 신호의 이동 속도가 불과 시속 3km의 거북이 걸음으로 측정되는데 미엘린이 완성된 이후에는 놀랍게도 시속 300km로, 무려 100배 이상 빨라진다. 게다가 훈련에 의해 신경섬유의 지름이 넓어져 전선 자체의 두께가 몇 배 커지면 100배가 아닌 1천 배, 1만 배 이상 강력한 회로가 구축된다.

그렇다면 어떻게 미엘린으로 특정회로를 감싸게 할 수 있을까? 그게 바로 심층 연습deep practice이다. 우리가 어떤 영어 문장을 암기할 때 끙끙거리는 모습을 떠올리면 된다. 외우고 까먹고를 반복하고 또 반복하면 마침내 막힘없이 줄줄줄. 이런 과정을 반복하는 동안 미엘린이 신경섬유를 빠른 속도로 감싸는 것이다.

메릴랜드의 미국국립보건연구원NIH 산하 발달신경생물학연구소 소장인 더글러스 필즈 박사는 《탤런트 코드:The Talent Code》라는 책에서 이렇게 정리한다.

첫째, 인간의 모든 동작, 사고, 감정은 (습관을 포함해) 신경섬유 회로인 뉴런 사슬을 통해 정확한 타이밍에 맞춰 이동하는 미세한 전기 신호의 결과이다.

둘째, 미엘린은 그러한 신경섬유를 감싸고 있는 물질로 신호의 강도, 속도, 정확도를 증가시킨다.

셋째, 특정한 회로에 신호가 많이 발사될수록 미엘린은 해당 회로를 더 완벽하게 최적화하며, 결과적으로 우리가 하는 동작과 사고의 강도, 속도, 정확도는 더욱 향상된다.

19세기에 오리슨 스웨트 마든은 습관을 '한 가닥씩 모여 두꺼워지는 밧줄'에 비유했지만 현대 과학은 이를 사실로 밝혀냈다. 매일의 꾸준한 심층 연습을 통해 전기신호를 나르는 전선의 피복, 즉 미엘린을 두터워지게 하면 의도적으로 애쓰지 않아도 어느 순간부터 저절로 실행되는 위대한 '습관'이 형성된다는 사실을 말이다.

2
자기 경영 방정식 ①
_능력과 삶의 질의 함수

성공적으로 자기 경영을 할 수 있는 방법은 무엇일까? 지금부터 소개할 3가지의 '자기 경영 방정식'을 통해 우리의 습관을 변화시켜 삶의 근본부터 갈아엎는 방법을 생각해 보자.

첫 번째 공식은 단순하고 명쾌하다.

$$P=C$$

P=performance(삶의 질) C=competence (능력)

이 공식의 의미는 분명하다. 삶의 질은 그가 갖고 있는 능력의 수준과 일치한다는 것이다. 기본적으로 적은 능력을 갖고 태어난 사람은 적은 결과를 내고, 능력이 많은 사람은 더 큰 결과를 낸다는 뜻이다. 이 공식에서 유념해 봐야 할 사실은 '과연 어떻게 나 자신의 능력(C)을 키울 것인가' 하는 것이다. 만일 그 동안 열심히 노력했어도 C의 상태가 크게 변하지 않았다면 방법에 문제가 있는지 의심해 봐야 한다.

C의 수준을 높이기 위해서는 무조건 열심히 노력하는 것만이 능사가 아니다. 가장 올바른 방법이 무엇인지를 알고, 그 방법에 따라 열심히 노력했을 때 비로소 최대의 성과를 얻을 수 있다. 개 헤엄 밖에 못 하는 사람이 아무리 열심히 연습을 한다고 해도 수영 선수처럼 수영할 수 없는 것과 같은 원리이다. 시간과 돈이 들고 조금 불편하더라도 수영 강습에 등록해 코치로부터 제대로 배워 동작을 몸에 익혀야 자신의 수영 능력을 제대로 향상시킬 수 있다. 잘못된 방법은 우리의 능력을 최상으로 끌어올리지 못한다. 노력한 것에 비해 성과가 초라하다고 투덜댄 경험이 많은 사람은 반드시 올바른 방법을 먼저 파악해야 한다.

자기 경영에서 올바른 방법이 과연 무엇인지는 3부에서 다루게 될 것이다. 우리 삶의 질을 높여주는 요소에는 여러 가지가 있겠지만 이 책에서 정리해 놓은 7가지를 잘 이해하고 실천함으로써 자기계발의 기본을 익히는 성과를 거둘 수 있다.

3
자기 경영 방정식 ②
_동기의 중요성

이제 두 번째 공식을 살펴 보도록 하자.

$$P = MC$$

P=performance(삶의 질)
C=competence (능력) M=motivation (동기)

두 번째 공식에서 중요한 것은 바로 M이라는 새로운 요소다. M은 motivation으로 어떻게 동기를 부여할 것인가를 의미한다. 어떠한 일이든 동기가 확실하게 부여되지 않으면 우리의 마음은 쉽게 움직이지 않는다. 자신과 하고자 하는 일에 대해 어떻게 동기 부여를 하는가에 따라 그 결과는 상당히 달라질 수 있다.

현재 C의 수준이 2인 사람이 있다고 하자. 이 사람에게 기대할 수 있는 기본적인 삶의 질도 P=C에 따라 2가 된다. 그런데 M값이 0.3 정도로 낮은 수준에 머물러 있다면 그의 실제 삶의 질은 P= M×C, 즉 0.3×2 = 0.6으로 뚝 떨어지게 된다. 만일 그의 낮은 동기를 잘 이해하고 다독여서 M의 수준을 1.5로 끌어 올린다면 그의 삶의 질은 즉시 3.0으로 다섯 배 정도 향상될 것이다. 똑같은 능력을 가진 사람도 자신을 둘러싼 환경과 사람들, 그리고 내적인 상태 등의 총체적인 결과물인 동기에 의해 삶의 질이 큰 폭으로 변화된다는 것을 이해해야 한다.

그렇다면 동기에 영향을 주는 요소에는 어떤 것들이 있을까? 흔히 돈이라고 생각하지만 돈과 같은 물질은 동기를 부여하는 한 요소일 뿐이다. 때로는 한 마디의 따스한 칭찬이 힘을 발휘할 수도 있고, 심신이 지쳐 있는 경우에는 충분한 휴식이 M의 수준을 높이는 묘약이 될 수도 있다.

자기 경영 능력에서 최상의 결과를 얻기 위해서는 C(자신의 전문 영역)에만 집착해서는 안 된다. 인간의 본질을 구성하고 있는 전인적인 요소를 정확하게 이해해야 적절한 동기를 부여할 수 있고 M의 수준을 높여 최상의 결과를 얻을 수 있다.

학생들의 공부를 예로 들어 설명해 보자. 아침 8시에 집을 나서 저녁 10시에 들어오는 고등학생은 왕복 등하교 시간, 식사 시간 등 3시간을 빼면 물리적으로 11시간 정도를 공부할 수 있다. 그러나 모두가 11시간을 공부하는 데 할애하지는 않는다. 어떤 아이는 실제로 11시간 중 10시간 이상을 공부하기 때문에 높은 성과를 내고, 중간쯤 되는 아이는 11시간 중 5~6시간을 공부하기 때문에 중위권에 있는 것이다. 부족한 아이들은 똑같이 11시간을 투여하고도 공부하는 시간은 1~2시간도 채 되지 않기 때문에 영원히 하위권을 벗어나지 못한다.

이러한 현상은 인간이기 때문에 벌어지는 일이다. 인간은 공부하는 기계가 아니다. 감정이 있고 건강 상태가 다르며 사람들과의 관계에서 벌어지는 수많은 현상들로 상처를 받기도 하고 기쁨을 누리기도 한다. 같은 11시간을 앉아 있으면서도 실제 공부에 투여하는 시간에서 차이가 나는 원인을 제대로 밝혀 도와줘야 하는데, 우리 교육현실에서는 그것이 원천적으로 불가능하다. 부모와의 관계에서 깊은 상처를 받고 공부하지 못하는 아이에게 11시간의 학습 시간은 아무런 의미가 없다. 공부도 제대로 하지 못하고 몸과 마음이 상하기만 할 것이다. 똑같은 양의 밥을 먹고도 몸이 허약하다면 어디에 문제가 있는지 체크해서 치료해야 식사가 에너지 원천으로서의 역할을 제대로 할 수 있다. 문제의 원인을 파악하지 않고 그저 먹기만 하라고 한다면 결국 상태를 더 악화시킬 뿐이다.

서문에 언급한 대로 유대인의 교육 철학을 한 마디로 집약하면 '뿌리와 날개Root and Wing'라고 할 수 있다. 어린 아이들을 교육할 때 지식의 날개를 달아 주기 이전에 뿌리에 해당하는 전인적인 능력을 먼저 길러 주어야 한다는 개념이다. 실제로 정통파 유대인들의 초, 중, 고등학교 교육 과정에서는 오전 수업 시간에 반드시 토라, 탈무드, 구약 성서의 율법 등을 통해 뿌리에 해당하는 학문을 먼저 배운다. 이 수업에서 학생들은 영적인 부분을 단련하고 몸을 다스리는 법을 익히며 시간을 어떻게 사용하고 이웃들과의 관계를 어떻게 지혜롭게 풀어 나갈지를 습관화한다.

몇 년 전 잘 알고 지내는 원로 한 분이 이스라엘을 방문한 후 인상적인 이야기를 들려주었다. 키부츠의 중등 교육 기관을 견학했는데 그가 느낀 유대인 교육은 전율을 느낄 만큼이나 충격적이었다고 했다. 랍비라고 불리는 스승이 열 명쯤 되는 소그룹의 학생들에게 토라를 가르치는데 마치 '혼'을 불어넣을 듯한 강렬한 에너지를 내뿜는 것이 느껴지더라는 것이다.

전 세계에 1200만 명 밖에 안 되는 소수 민족, 그것도 온 세상에 다 뿔뿔이 흩어져 살아온 그들이 세계 경제의 절반이 넘는 자금을 운용하며 노벨상의 1/3 가까이를 휩쓸고 있는 막강한 힘의 근원은 눈에 보이지 않는 깊은 곳에 있었다. 세상의 어느 민족과도 감히 견줄 수 없는 비옥한 교육적, 문화적 토양이 깊게 자리잡았고 그 안에 다음 세대들이 연달아 뿌리를 내리고 있었던 것이다.

《성공하는 한국인의 7가지 습관》에서는 여러 형태의 M요소들을 분석해 실제적인 7가지 요소를 제시하고 그것들이 어떻게 내게 붙어 있는 진흙 덩어리들을 떨구어 내어 삶의 질을 정점으로 끌어 올릴 수 있는지를 다루고자 한다. 앞서 언급한 바 있지만 이 책의 목적은 어떤 훌륭한 이론과 방법을 제시하는 것 자체가 아니다. 우리 삶에 끌어 들여 활용할 수 있고, 결국에는 삶의 변화를 이끌어 내는 도구로 쓰이게 하는 것이 목적이다.

다음은 이 책에서 설명하는 성공하는 한국인의 7가지 습관과 각 습관의 궁극적인 도달 목표이다.

- 규칙적 기상 습관을 통한 주도적 실행능력의 회복
- 아침 묵상 습관을 통한 플러스 사고력과 추진력 키우기
- 효율적 시간 관리 습관을 통한 목표 중심의 인생관리 능력 함양
- 뿌리 깊은 독서 습관을 통한 인생의 근본 토양을 갈아엎는 힘 기르기
- 꾸준한 건강 관리 습관을 통해 인생의 목적을 이루는 강건한 체력 유지
- 감사 일기 습관을 통한 자기성찰적 사고의 선순환 완성
- 공감적 대화 습관을 통한 타인을 진정으로 이해하는 태도

한 가지 유념해야 할 것은 위의 7가지 습관들이 철저하게 균형을 이룰 때 비로소 최대의 성과를 낼 수 있다는 것이다. 예를 들어, 누구나 운동을 해야겠다고 생각한다. 그러나 이를 실천으로 옮기는 사람은 많지 않고 그것을 완전히 자신의 습관으로 체질화하는 사람은 극소수에 불과하다. 헬스 클럽 앞을 지나면서, 혹은 비키니를 입고 해변을 거니는 모습을 떠올리면서 나도 이제 운동을 해야겠다고 굳게 다짐하지만 바쁜 일상으로 돌아가면 그 결심은 그저 '말 잔치'로만 남을 뿐이다.

인간 관계는 어떠한가? 타인의 말에 귀를 기울이고 그의 내면의 아픔과 외침을 공감하고 이해한다면 좋은 인간관계를 가질 수 있다는 것은 누구나 알고 있다. 그러나 그것은 단지 이론일 뿐 실제 생활에서 적용하기란 무척 어렵다. 머리로 알고 있다고 해서 행동이 갑자기 바뀌는 것은 결코 아니다. 부정적으로 기울어진 사고 방식을 먼저 해결하지 않으면 공감적 대화 습관을 이룰 수 없다.

아침에 일찍 일어나 자신을 성찰하고 하루를 여유 있게 시작하는데 반대할 사람은 거의 없다. '빨리 일어나는 새가 먹이를 많이 잡는다'는 말이 있듯이, 규칙적인 이른 아침 기상이 중요하다는 것을 많은 사람들이 공감하고 깨닫고 있다. 그러나 그렇다고 해서 모두 하루아침에 아침형 인간으로 변신할 수 없다. 새벽에 자신을 깨우는 일은 무엇보다 건강과 체력이 뒷받침되어야 하고 자기 성찰적 사고력과도 깊은 관련이 있다. 이런 문제가 해결되지 않으면 작심 삼일로 끝나기 십상이다.

인간이라는 존재는 참 복잡 미묘한 것이어서 '자기 경영'을 위해 어떤 한 영역을 부지런히 개발한다고 해서 최상의 결과가 도출되지 않는다. 우리가 두통에 시달릴 때, 그 두통의 원인을 면밀하게 조사해 보면 뜻밖에도 문제가 뇌 자체에 있는 것이 아니라 장에 남아 있는 숙변임을 발견하는 경우가 있다. 눈에 보이는 요소에 집착해서는 온전한 결과를 얻지 못한다. 정확하게 진단해 원인을 밝혀내고 바른 해결책을 찾을 때 진정한 변화가 시작된다.

인간이 갖고 있는 능력을 최대한 계발하기 위해서는 부분적으로 접근해서는 안 된다. 인간은 그 자체로 전인적인 존재이기 때문에 그 특성을 잘 이해하고 위에서 제시한 7가지 요소들을 총체적으로 접근해서 전면적인 개선을 시도해야 한다.

각각의 요소들이 하나 둘씩 깨어나기 시작하면 우리의 몸과 마음, 삶 전체가 새로운 활력으로 변화의 춤을 추기 시작할 것이다. 작은 변화가 시작되면 소위 시너지 효과가 발휘되어 우리의 삶은 마치 토네이도처럼 수직 상승의 기류를 타고 소용돌이친다. 이 단계에 도달하면 삶은 흥분되고 스릴 넘치는 사건들로 채워져 왜 시인들이 인생이란 결코 따분한 것이 아니라고 읊었는지 고개를 끄덕이는 순간이 올 것이다.

4
자기 경영 방정식③
_습관 고도화의 원칙

아놀드 슈왈제네거가 〈터미네이터〉로 유명해졌을 때 기자 회견장에서 벌어진 일이다. 그는 간담회 도중 자신의 우람한 팔을 올리면서 갑자기 엉뚱한 말을 했다.

"여러분이 제 근육을 바라본다고 해서, 결코 여러분들이 저처럼 우람한 근육을 갖게 되는 것은 아닙니다."

한 기자가 물었다.

"그럼 당신 같은 우람한 근육을 갖기 위해서는 대체 어떻게 해야 하는 거죠?"

아놀드 슈왈제네거는 눈을 가늘게 뜨고 특유의 미소를 지으며 이렇게 말했다.

"호흡에 주의하면서 아령을 들었다 놓았다를 반복하세요. 하루에

1시간씩, 일주일에 7일 동안 단 하루도 빠지지 않고요. 아마 2주 정도 하면 아령을 집어 던지고 싶을 텐데, 그때 포기하면 말짱 헛수고입니다. 1년에 365일 계속 반복하기를 2년 정도 하면 저와 비슷한 근육을 가질 수 있을 것입니다."

아놀드의 대답에는 '자기 경영'의 원칙 한 가지가 절묘하게 묘사되어 있다. 바로 '끝없는 단순 반복'이다. 앞서 미엘린이라는 물질이 우리의 신경회로를 단단하게 절연시켜 수백 배 빠른 속도를 갖게 함으로써 노력 없이도 특정 행동을 수월하게 수행할 수 있게 해 주듯이, 단순 반복이라는 요소는 습관을 형성하는 데 가장 결정적인 요소이다. 대부분의 사람들이 좋은 습관을 형성하는 것을 그토록 어려워하는 이유는 이 단순 반복의 과정을 거치지 않았기 때문이다.

반대로 좋지 않은 습관들은 특별한 노력을 기울이지 않아도 저절로 형성된다. 늦잠 자는 습관, 책보다 TV 드라마나 스포츠 중계에 빠지는 습관, 건강에 해로운 음식을 먹는 습관, 중요한 목표를 이루기 위해 꼭 필요한 과정을 늘 뒤로 미루는 습관 등은 우리가 특별히 노력을 기울이지 않아도 저절로 강화된다. 우리 본성의 토양은 아직 갈아엎어지지 않았기 때문에 이러한 나쁜 습관들이 중력처럼 우리를 끌어 내리고 있다.

여기에서 자기 경영의 세 번째 공식을 소개하고자 한다. 바로 습관 고도화의 원칙이다. 이 공식은 특정 행동을 단순 반복하면 자기 경영의 7가지 요소를 수행하는 신경회로가 미엘린으로 절연되어 자연스럽게 우리 자신의 일부가 되도록 한다.

$$P = MCH^2$$

P=Performance(삶의 질)
C=Competence (능력) M=Motivation (동기) H=Habit (습관)

이제 우리가 이 책에서 본격적으로 다뤄야 할 주제인 '습관'의 문제에 도달했다. 앞에서 지적한대로 습관은 긍정적이고 바람직한 '플러스 습관'과 삶을 치명적으로 곪게 만드는 '마이너스 습관'으로 나눌 수 있다. 아무리 능력(C)이 좋고 전인적인 접근 방식으로 동기(M)를 높인다 할지라도 습관(H)을 이루지 못한다면 삶의 질은 요요 현상을 일으켜 원점으로 귀결되기 마련이다.

다음 이야기를 살펴보자.

최근 홍 대리는 여름휴가에서 읽은 한 권의 책 때문에 흥분을 감추지 못하고 있다. 인문고전 독서에 대한 책이었는데 이후로 회사에서 동료들과 커피를 마시거나 구내 식당에서 점심을 먹을 때면 기회가 닿는 대로 인문고전 독서의 중요성을 입에 침이 마르도록 열렬히 설파했다. 오늘도 홍 대리는 신입 사원을 앞혀놓고 열렬히 자기 주장을 펼치고 있다.

"인류 역사를 보면 항상 두 개의 계급이 존재했지. 지배하는 계급과 지배받는 계급. 전자는 후자에게 많은 것들을 금지했는데, 대표적인 것이 인문고전 독서라는 거야. 조선의 지배계급은 인문고전 독서가 업이었는데 피지배계급에게는 접근이 사실상 허락되지 않았지. 일본의 쇼군 계급은 어땠을까? 중국 고전을 마치 비밀문서처럼 전수했다는 거 아냐. 다른 계급은 고전이 존재하는지조차 몰랐지. 유럽의 왕가와 명문 귀족 집안에서 실시한 교육은 그 자체가 인문고전 독서였어. 미국 백인들은 흑인 노예들에게 인문고전 독서는 물론이고 문자교육 자체를 금지했어. 농노에게 글을 가르치면 죽지 않을 만큼 매질하고 감옥에 가두었던 유럽 및 러시아의 지배계급에게 배운 거지."

홍 대리는 지금 이 시점에 왜 대한민국 사람들이 인문고전에서 멀어졌는지 지배계급의 음모론을 섞어가면서 흥미진진하게 떠들어댄다.

이렇게 회사에서 큰소리를 뻥뻥 지르던 홍 대리. 그러나 본인은 평소에 책이라고는 베스트셀러와 소설 위주의 가벼운 책들만 읽던 몸이었다. 막상 거금 100여만 원을 투자해 인터넷 서점에서 주문한 몇 십 권의 문학, 역사, 철학 고전들이 집에 도착하자 갑자기 깊은 한숨부터 나왔다.

휴가 때 읽은 책의 추천도서 목록을 보고 큰 맘 먹고 몇 십 권을 한꺼번에 주문한 것인데, 한 권은커녕 한 페이지를 넘기기조차 만만치 않았다. 일단 한자가 절반 이상인 본문들을 읽기가 퍽 어려웠을 뿐 아니라 책의 두께에 일단 기가 질리고 만 것이었다. 최근 유행하는 책들은 대략 250~300페이지 내외이고 활자도 큰데, 인문고전들은 기본적으로 1000페이지가 넘고 글씨도 그다지 크지 않아 외양에서부터 압도당하는 느낌이 들었다. 그러나 홍 대리는 자신이 이미 떠벌리고 다닌 말들, 그리고 투자한 돈이 아까워서라도 기어이 인문고전 독서에 성공하리라 마음 먹고 아침 일찍 일어나 하루 2시간씩 인문고전 독서를 하겠다는 굳은 결심을 한다.

"인문고전 독서는 천재들과 대화를 나누는 시간이라고 하지. 암. 어렵지. 당연히 어려워야지. 그 동안 읽었던 가벼운 책들과 어떻게 같을 수 있겠어. 스티브 잡스를 생각해 봐. 그는 소크라테스와 한끼 식사를 나눌 수 있다면 자신의 전 재산이라도 바치겠다고 하지 않았던가! 인문고전 독서야말로 내가 지금까지 추구해 오던 그 어떤 자기계발 방법론을 뛰어 넘는 최고의 자기계발 코스야. 나는 반드시 이뤄낸다."

책 한 권으로부터 엄청난 동기(M)를 부여 받은 홍 대리. 비록 자신의 독서력(C)은 그다지 높은 수준이 아니었지만, 불같이 강렬한 동기로 버티기를 2주째. 인문고전을 구입하느라 투자한 100만 원 가량의 책값도 아까웠지만, 무엇보다 회사에서 큰소리치며 인문고전 독서를 한다고 목소리를 높인 것이 마음에 걸려 도저히 후퇴할 수 없는 상황이 되고 말았다.

새벽에 일어나기 힘든 날이면 '100만 원이 얼마나 큰 돈인데……'하는 생각에 벌떡 일어났다. 홍 대리는 기특하게도 첫 2주 동안 하루도 빠지지 않고 새벽을 깨우며 인문고전 독서에 몰입했다. 잘 모르는 부분이 나오면 노트를 펴고 필사하면서 찬찬히 그 뜻을 음미하기도 했고 기막히게 좋은 구절이 나오면 외우기까지 했다. 뭐가 뭔지는 아직 잘 모르겠지만, 인문고전 독서의 길이 결코 쉽지 않으리라는 생각에 이 정도 어려움은 당연히 감수해야 할 것으로 생각하며 하루하루를 보냈다.

그러나 문제는 3주에 접어들면서 일어났다. 업무차 일주일 동안 미국 출장을 떠나게 된 것이다. 귀국한 날은 수요일 밤이었는데 목요일 아침에는 너무 피곤하다는 이유로 새벽에 일어나는 것을 포기했다. 금요일 아침에는 '에이, 내일이 주말인데 오늘 하루 빠진다고 별 일 있겠어? 다음 주부터 열심히 하면 되지 뭐'라는 속삭임에 이불을 머리 끝까지 올리고 늦잠을 자고 말았다. 홍 대리는 그 다음 주 화요일에 딱 한 번 새벽에 일어나 두꺼운 인문고전을 읽으려고 시도했을 뿐, 그 후로 독서를 위해 새벽에 일어나는 일은 두 번 다시 없었다. 다만, 그의 책장에는 한 번도 읽지 않은 인문고전 책들이 빼곡하게 채워져 반짝이고 있다.

비단 홍 대리만의 이야기는 아닐 것이다. 누구나 이런 경험을 한 번쯤은 했을 것이다. 처음에는 무언가에 상당히 고무되어 돈과 시간을 투자하고 처음 며칠 동안 그 일에 몰두하면서 새로운 변화에 대한 만족감과 기대감에 부풀어 오른다. 그러나 결국 얼마 못 가서 암초를 만나고 처음의 결심은 온데간데없이 뒷걸음질 친다. 몇 번의 장애와 풍랑을 만나면서 서서히 약해진 마음은 어느 순간 스르르 녹아내려 원래의 옛 습관으로 되돌아가고 만다. 마치 거북이가 등에 짊어진 제 집에 얼굴을 파묻고 말듯이.

우리를 늘 패배자로 만드는 주범은 바로 다름아닌 '마이너스 습관'이다. 끝없이 안주하려는 나약한 마음이 긍정적이고 발전적으로 자신의 삶을 개척해 나가려는 우리의 발목을 잡고 있는 것이다. 이 습관을 버리지 못하면 우리는 결단과 후회를 반복하는 삶을 되풀이하고 말 것이다. 〈반지의 제왕〉에서 프로도가 온갖 고난과 역경을 딛고 얻은 절대 반지를 용암 속으로 던져 버리는 것처럼, '마이너스 습관'이라는 애물단지를 용암 속으로 집어 던지지 않는 한 우리는 늘 패배의 쓴잔을 마실 수밖에 없다.

습관 고도화의 공식을 다시 살펴보자.

$$P = MCH^2$$
$$P = 1.5 \times 2.0 \times 0.5^2 = 0.75$$

플러스 습관은 H가 1.0 이상이고 마이너스 습관은 H의 수준이 1.0에 미달되는 것을 의미한다. 현재 나의 마이너스 습관이 0.5의 수준이라면, 아무리 역량이 크고 동기가 높아도 삶의 질은 올라가지 않는다. M=1.5, C=2.0, H=0.5를 대입했을 때, P=1.5×2.0×0.5² = 0.75의 수준에 머무르게 된다.

이번에는 반대로 플러스 습관의 위력에 대해 생각해 보자. 비록 동기와 역량이 부족해도 습관이 완전히 존재의 일부(H=1.5)가 되어 있다고 가정해 보면 다음과 같은 결과를 얻는다.

$$P = MCH^2$$

M=1.0, C=1.0, H=1.5를 대입했을 때,
P=1.0 × 1.0 × 1.5²
= 2.25

인류가 발견한 최고의 공식 중 하나가 바로 $E=MC^2$ 이다. 이 공식은 스위스 취리히의 한 특허국 사무실에서 일하는 직원의 메모장에서 발견되었다. 그 직원이 바로 아인슈타인이다. 그는 번쩍이는 영감으로 한 줄의 공식을 휘갈겨 써 놓았다. 이 공식이 세상의 역사를 완전히 뒤집어 놓을 줄 그때는 미처 몰랐을 것이다. 물질 안에 내포된 어마어마한 잠재 에너지는 그 물질의 질량에 빛의 상수 C의 제곱을 곱한 것이다. 문제는 '어떻게 물질을 핵분열시켜 이런 에너지를 얻을 수 있을까?' 하는 복잡한 물리학적 내용으로 발전해 나가지만, 천재 아인슈타인에게는 모든 물질 내부에 내포된 어마어마한 파워를 볼 수 있는 눈이 있었던 것이다.

우리 인생의 복잡한 현실을 공식으로 표현할 수는 없다 할지라도 $P = MCH^2$ 라는 원칙이 의미하는 바를 생각해 보면, 어떻게 우리의 삶을 혁명적으로 변화시킬 수 있는지에 대해 영감을 얻을 수 있다. 즉, 우리 삶에 뿌리깊게 박힌 마이너스 습관을 플러스 습관으로 바꾸고 매일 훈련으로 체질화한다면 우리 삶은 30배, 60배, 100배 멋지게 변화할 것이다.

⑤ 공동체를 통해
플러스 습관 함께 익히기

벤자민 프랭클린Benjamin Franklin이 받은 정규 교육은 8세부터 2년 동안 학교에 다니며 읽고 쓰는 것과 산수를 배운 것이 전부였다. 그 이후로는 책이나 경험을 통해 모든 지식을 터득했다. 프랭클린은 84세까지 살면서 미국 최고의 과학자, 발명가, 외교관, 저술가, 비즈니스 전략가로 활동했다. 연날리기를 통해 번개가 전기라는 사실을 증명했고, 번개에 대처하기 위해 피뢰침을 발명했으며 다초점 렌즈의 안경, 고효율 안경, 멕시코 만류 도표, 감기의 전염성에 대한 이론 등 의학 분야에도 해박했다. 대출 도서관이라는 시스템을 발명한 장본인이기도 하고 의용 소방대, 대학교라는 교육 시스템을 (초등학교 2학년 중퇴의 학력으로) 발명한 사람이다. 보험 협회 심지어 서머타임 제도를 최초로 만든 혁신가이며 외교 정책 면에서는 힘의 균형을 꾀하는 현실주의와 이상주의의 결합 방식을 개발했고 정치 분야에서는 식민지 연합과 단일 정부를 위한 연방 모델을 제안하는 획기적 아이디어를 내놓기도 했다.

역사가 월터 아이작슨은 이렇게 말한다.

"모든 업적에도 불구하고 프랭클린이 발명한 것 중에서 가장 흥미롭고 끊임없이 재창조된 것은 바로 벤자민 프랭클린 그 자신이었다."

벤자민 프랭클린의 최고 발명품인 '자신의 삶'이란 구체적으로 무엇일까?

프랭클린은 젊은 시절 인쇄업자로 성공을 거둔 다음, 어떻게 하면 자신의 인생을 완벽하게 다듬을 수 있을까를 고민했다. 어느 순간 그는 자신의 내면에서 황금처럼 빛나는 존재를 만나고 그 빛이 비추는 대로 13가지 항목을 적어 내려간다. 이것이 바로 그 유명한 프랭클린의 13가지 덕목이다. 내용은 다음과 같다.

절제: 폭음, 폭식을 삼간다.

침묵: 타인 또는 나에게 유익한 일 외에는 말하지 않는다. 쓸데없는 말은 하지 않는다.

규율: 모든 물건은 위치를 정해놓고, 일도 시간을 정해놓고 진행한다.

결단: 해야 할 일은 실행할 것을 결심한다. 그리고 결심한 일은 꼭 실행한다.

절약: 타인과 자신에게 유익한 일을 모색하고 낭비하지 않는다.

근면: 시간을 헛되이 쓰지 않는다. 언제나 유익한 일에만 힘을 쏟는다. 불필

요한 행동을 하지 않는다.

성실: 타인에게 폐가 되는 거짓말은 하지 않는다.

정의: 타인에게 해를 입히는 행위는 하지 않는다.

중용: 생활의 균형을 지키고 화내지 않으며 타인에게 관용을 베푼다.

청결: 몸과 의복, 주변을 불결하게 하지 않는다.

평정: 하찮은 일, 피하고 싶은 일이 생겨도 평정심을 잃지 않는다.

순결: 타인의 신뢰와 자존심에 상처를 입히는 행동은 피한다.

겸손: 예수와 소크라테스를 본받는다.

프랭클린은 이렇게 말한다.

"나는 50년 이상을 수첩에 이 13가지 덕목을 실천했는가 그렇지 못했는가를 항상 기록하며 꼼꼼히 체크했다. 특히 1주일 단위로 이 중 1가지 덕목을 집중적으로 실천하려고 노력했다. 예를 들어 이번 한 주는 '절제', 다음 한 주는 '침묵' 이런 식으로 말이다. 내가 행복한 인생을 걸어올 수 있었던 것은 모두 이 수첩 덕분이었다. 후손들에게도 이 방법을 꼭 알려주고 싶다."

그가 실천한 방법은 구체적으로 이렇다. 수첩에 칸을 13개 그리고 각각의 항목을 기입한 다음 1주일 단위로 13개의 각 항목을 실천하려 애쓰되 특히 그 중 목표되는 항목을 집중적으로 노력하며, 잘 지키지 못했을 경우에는 해당 칸에 새카만 동그라미를 칠했다. 그 방법은 상당히 효과적이었다. 그는 자신의 수첩에서 까만 점이 완전히 사라질 때까지 계속 훈련했다. 후에 그것은 미국인들의 삶에 대단히 큰 영향력을 끼친 습관 형성 훈련 프로그램으로 발전했다.

우리는 이렇게 응용해 볼 수 있지 않을까? 먼저 한 달 날짜가 적혀 있는 탁상형 캘린더를 하나 준비한다. 꼭 탁상형 캘린더일 필요는 없으므로 수첩의 월간 계획표를 이용해도 좋다. 스마트폰의 일정관리 기능을 사용하는 것도 좋은 방법이다. 여기에 '플러스 습관 만들기 1단계 21일 작전' 이라는 제목을 써 붙인다.

이제 자신과의 싸움을 통해 습관 만들기 훈련을 시작해 본다. 달력의 위쪽에 다음과 같이 표시하는 것도 잊지 말자.

예를 들어, 1일(월요일)부터 시작하기로 계획했다면 이상의 7가지 습관을 빠뜨리지 않고 실천했을 때 달력에 7개의 별을 표시하고 커다란 숫자로 1 이라고 쓴다. 2일인 화요일에도 일곱 개의 습관을 실천하는 데 성공했으면 일곱 개의 별을 표시하고 2라고 크게 쓴다. 그러다가 8일째 되는 날, 늦잠을 자서 6시 기상이라는 목표 달성에 실패했다면 그 기록은 7일에서 멈추고 기록은 다시 0으로 리셋되는 방식이다.

이 표를 기록하는 목적은 최소한 3주(21일) 동안 꾸준히 중단하지 않고 7가지 습관을 몸에 익히는 데 있다. 우리 삶의 습관을 형성해주는 신경회로 절연물질인 미엘린이 최소 21일간 반복했을 때 어느 정도 절연효과를 보여주기 때문이다. 그리고 7가지 중 한 가지 습관을 실천하지 못해도 실패한 것으로 간주해야 한다. 하나도 빠뜨리지 않고 실

플러스 습관 만들기 1단계 21일 작전

습관 1. 규칙적 기상 (목표 06:00)
습관 2. 아침 묵상
습관 3. 시간 관리
습관 4. 뿌리 깊은 독서(인문고전 30쪽 이상)
습관 5. 꾸준한 건강관리(50분 걷기)
습관 6. 감사 일기
습관 7. 공감적 대화

일	월	화	수	목	금	토
	1 ★★★★ ★★★ 1	2 ★★★★ ★★★ 2	3 ★★★★ ★★★ 3	4 ★★★★ ★★★ 4	5 ★★★★ ★★★ 5	6 ★★★★ ★★★ 6
7 ★★★★ ★★★ 7	8 ★★★ X	9 ★★★★ ★★★ 1	10 ★★★★ ★★★ 2	11	12	13
14	15	16	17	18	19	20
21	22	23	24	25	26	27

천하는 것을 원칙으로 생각하고 훈련해 나가야 한다.

  21일 작전을 성공적으로 마치기 위해서는 당근이 필요하다. 혼자 하는 결심은 계속 지키기 어렵기 때문에 가급적이면 뜻을 함께 할 수 있는 친구나 가족, 혹은 동료들과 함께 시작하는 것이 효과적이다.

아래 제시하는 방법은 하나의 사례다. 함께 참여하는 멤버들이 흔쾌히 동의하고 선의의 경쟁을 하면서 실천할 수 있다면 혼자서 노력하는 것보다 성공할 확률이 몇 배 더 높다.

〈작은 공동체를 이루어 7가지 습관을 이루는 게임〉

① 함께 21일 작전을 시작할 동료를 5명 이상 모은다.

② 1인당 회비를 약간씩 모은다.

③ 걷은 회비를 공동 관리가 가능한 통장에 입금한다.

④ 진실하게 이 게임에 임할 것을 서로 문서로 작성해 서명한다.

⑤ 한 명의 리더를 정해 팀장을 맡긴다.

준비가 끝났으면 날짜를 정해 게임을 시작한다. 중도에 실패할 경우 그 사실을 팀장에게 솔직하게 시인해야 하며, 팀장은 이메일 혹은 인터넷 게시판 등을 통해 21일 동안의 게임 진행 상황을 공개한다. 21일 후, 7개의 별을 하루도 빠지지 않고 획득하는 데 성공한 사람을 가려내어 (확률적으로 참여자의 10% 이내가 된다) 모은 돈을 그 사람에게 상금으로 주거나 적당한 경품을 나누는 방식으로 게임을 마무리하면 된다.

이런 방법 외에도 자유롭게 창의적인 방법을 개발하여 21일 작전을 함께 성공할 수 있도록 격려하며 훈련할 수 있다. 다만, 좋은 습관을 익히기 위한 이 게임의 본질을 잘 기억하고 진실한 자세로 임할 수 있도록 분위기를 만들어 가는 것이 중요하다.

21일의 1단계 작전에 성공한 사람들에게는 특별한 영예를 부여해 주는 것이 좋다. 회사라면 배지를 만들어 주거나 상패를 수여할 수도 있다. 그리고 1단계 과정을 통과한 이들만 2단계에 참여할 기회를 주어야 한다. 2단계 습관 만들기 작전은 50일로 기간이 대폭 늘어난다. 회비도 1단계의 2배 이상으로 책정하는 것이 좋다. 방식은 1단계와 동일하게 진행하면 된다.

물론 함께 훈련할 친구나 동료가 없을 경우에는 혼자서라도 이를 실천해야 한다. 다소 지루하거나 유지하기 어렵다는 단점이 있지만 각종 유혹을 물리치고 달력에 별을 그려가며 실행해 보자. 1단계 21일과 2단계 50일까지 모두 성공했을 때, 스스로에게 푸짐한 보상을 내려라. 자신과의 싸움에서 승리하는 기쁨은 느껴 본 사람만이 알 수 있다. 다음에 소개된 일화는 이런 방식으로 소그룹을 꾸려 습관 만들기에 성공한 이야기를 정리한 것이다.

집에 있는 스마트 TV를 없애는 것으로 작은 혁명은 시작되었다.
김 과장이 과감한 결단을 할 수 있었던 것은 이제 막 중학생이 된 딸 때문이었다. 밥 먹듯 반복되는 야근을 마치고 집에 오는 시각은 평균 밤 10시 반. 아이도 김 과장과 비슷한 시각에 귀가한다. 학원이나 과외로 아빠보다 더 바쁜 스케줄의 아이를 볼 때마다 김 과장의 어깨는 더 무거워진다. 어느 휴일, 김 과장은 딸이 짙은 눈 화장을 하고 외출하는 모습을 보았다. 아이는 안경으로 가리려 했지만, 예리하게 발견한 김 과장은 결국 아이와 한 바탕

난리를 쳐야 했다. 아이는 눈물을 뚝뚝 흘리면서 말했다.
"아빠는 도대체 날 이해하지 못해요. 요즘 눈 화장 안 하는 아이들 있으면 한번 나와보라고 해요!"
아이가 시간을 낭비하지 않게 하려고 그토록 원하던 스마트폰도 사 주지 않았던 김 과장이었다. 아이는 아빠의 꽉 막힌 고루한 사고방식에 진저리를 쳤다. 아이와의 갈등은 올해 들어 더욱 심각해지고 있었다.
그러던 어느 날 김 과장과 함께 근무하는 부하 직원 하나가 최근 표정이 유난히 밝아진 느낌이 들어 그 이유를 물어보았다. 윤 대리는 놀라며 말했다.
"진짜 그렇게 보였어요? 별일 아닌데, 최근에 새롭게 다니기 시작한 모임이 있거든요. 그 모임에서 받은 에너지가 활력을 주는 모양이에요."
윤 대리는 원래 성실하기도 했지만, 최근에는 팀원들에 대한 배려도 예전에 비해 더욱 도드라진 모습이다. 늘 아침 일찍 일어나 독서도 하는 모양이었다. 김 과장은 비록 부하 직원이기는 했지만 삶의 에너지가 가득해 보이는 그의 모습을 보며 당장 인생 상담이라도 받고 싶은 심정이었다. 커피를 마시면서 지나는 말로 딸 아이와의 관계가 참 어렵다는 이야기를 툭 던지자 윤 대리는 집 안의 TV를 없애보라고 조언했다.
집에 TV를 없애니 자연히 책에 손이 가더라. 휴일에도 별 생각 없이 TV를 켜 놓고 있으면 가족들간의 대화는 사라지고, TV가 구심점이 되어 화면을 바라보며 채널만 돌리는 일이 반복되더라. 그런데 TV를 없애니 휴일에도 아이들과의 대화가 회복되었다는 요지였다. 김 과장은 딸을 위해서라면, TV쯤은 없애도 상관없다고 생각했다. 그토록 좋아하는 프로야구를 더 이상 편안하게 볼 수 없다는 것이 끝내 마음에 걸렸지만, 작은 노력으로 아이와의 관계가 회복될 수 있다면 뭐든 못할까 싶었다.
TV를 없앤 지 석 달 만에 김 과장은 딸 아이와 많은 대화를 나눌 수 있었다. 김 과장은 아이가 왜 화장을 하고 싶어하는지 아이들의 세계를 이해할 수 있게 되었고 아이는 자신이 아빠로부터 이해받고 있다는 느낌을 받은 순간부터는 잔소리를 하지 않아도 화장에 대한 관심을 자연스럽게 끊었다.

크게 효과를 본 김 과장은 내친 김에 윤 대리가 참석하고 있는 독서 모임에도 참가했다. 비밀스럽고 독특한 모임이었다. 원래 철저한 서약서를 작성하고 다짐한 멤버 이외는 받아들이지 않는 배타적 모임이라고 하는데, 윤 대리가 특별히 부탁해 참석이 허락된 모양이었다. 그들이 요즘 읽고 있는 책은 플라톤의 《국가》와 앙리 푸앵카레의 《과학과 가설》이었다. 가벼운 자기계발서적이나 읽고 토론하는 모임인 줄 알았는데 그 깊이에 적지 않은 충격을 받았다.

모임의 리더는 정중하지만 단호했다. 단순한 호기심이라면 더 이상 나오지 말라고 했다. 하지만 김 과장은 자신도 그들의 세계에 발을 들여놓고 싶었다. 그들은 자신과는 전혀 다른 세계의 비밀에 흠뻑 취해 있는 사람들처럼 보였다. 그 힘이 자신의 삶도 무언가 새로운 빛으로 이끌어 줄 것만 같았다.

공동체의 힘은 신비롭고 놀라웠다. 까다로운 가입 절차와 심사를 마치고 모임의 일원이 되자 그들은 지금보다 30분 일찍 일어날 것을 코치했다. 그리고 체계적으로 잘 짜여진 독서의 커리큘럼을 따라 계단을 오르듯 차근차근 한 계단씩 올라가도록 이끌어 주었다.

가장 힘이 되었던 것은 5~6명으로 짜여진 소그룹이었는데, 이 소그룹의 결속력은 놀랍도록 탄탄해서 SNS 등을 통해 새로운 라이프 스타일을 계속 지속할 수 있는 힘을 주었다. 이 모든 것이 거대한 하나의 게임이 되어 치열하고 흥미롭게 진행되고 있었다. 혼자 무언가를 결심하고 실천하려고 할 때는 작심삼일의 벽에 쉽게 부딪혔는데 누군가가 같은 길을 함께 걷고 있다고 생각하자 든든해졌다. 내가 게으름을 피우면 우리 그룹의 스코어가 떨어져 게임에서 질 수도 있다는 점은 정신을 번쩍 들게 했다.

모임에 참여한 지 1년. 김 과장의 삶은 예전과 다른 자신감으로 빛나고 있다. 평생 꿈도 꾸어보지 못할 두툼한 고전들을 척척 읽어내며 천재들과 새벽마다 조우하는 기쁨이 가장 컸다. 습관을 새로 만드는 것은 무척 어려운 일이지만, 뜻을 함께 하는 동지들과 한 계단씩 오르는 즐거움이 김 과장의 삶에 새로운 힘을 주었다.

이제 김 과장은 매일 새벽 5시에 일어나 하루에 1시간 30분씩 인문고전을 읽는다. 현재 그의 레벨은 11에 머물러 있다. 모임의 최고 레벨은 현재 56레벨. 김 과장에게 가장 기쁜 일은 아빠의 영향으로 이제 중학교 2학년이 된 딸 아이가 괴테에 푹 빠졌다는 사실이다. 판타지 소설에만 열광하던 아이가 아빠의 영향으로 셰익스피어, 단테를 읽더니 괴테의 파우스트를 읽으면서 눈이 반짝이는 모습이 그렇게 아름다울 수가 없다. 세상의 그 어떤 화장품으로도 그렇게 아름다운 눈을 만들어 낼 수는 없을 것이라고 생각하니 입가에 미소가 절로 나온다.

중소기업의 사장이 된 그는 이후 7년 간 꾸준히 이 모임에 참석하고 이끌면서 회사 규모도 5배로 키웠다.

성공하는 한국인의 7가지 습관

다음은 성공하는 한국인의 7가지 습관과 각 습관의 궁극적인 도달 목표이다.
규칙적 기상 습관을 통한 주도적 실행능력의 회복 · 아침 묵상 습관을 통한 플러스 사고력과 추진력 키우기 · 효율적 시간 관리 습관을 통한 목표 중심의 인생관리 능력 함양 · 뿌리 깊은 독서 습관을 통한 인생의 근본 토양을 갈아엎는 힘 기르기 · 꾸준한 건강 관리 습관을 통해 인생의 목적을 이루는 강건한 체력 유지 · 감사 일기 습관을 통한 자기성찰적 사고의 선순환 완성 · 공감적 대화 습관을 통한 타인을 진정으로 이해하는 태도

7가지 습관들이 철저하게 균형을 이룰 때 비로소 최대의 성과를 낼 수 있다.

3부

성공하는 한국인의 7가지 습관

습관 1. 규칙적 기상

주도적 실행 능력의 회복

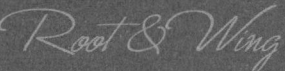

당신이 새라면 아침에 일찍 일어나야 한다.
그래야 벌레를 잡아먹을 수 있을테니까.
하지만 당신이 벌레라면 아주 늦게 일어나야 하겠지.
그래야 살 수 있으니까.
―쉘 실버스타인―

1
규칙적 기상은
성공하는 습관의 킹 핀 king pin

캐나다의 벌목공들은 베어낸 나무들을 강가에 쌓아 두고 물의 흐름에 따라 원목들을 강의 하류 쪽으로 흘려 보낸다. 이때 강의 폭이 좁은 지점에 이르면 유속이 빨라지면서 통나무들이 서로 병목 현상을 일으켜 결국 더 이상 아래로 흘러가지 않게 된다. 이를 로그 잼 log jam 현상이라 한다.

초보 벌목공들은 이런 상황을 만나면 당황해서 어디서부터 어떻게 손을 대야 로그 잼 현상을 해소할 수 있을지 몰라 헤매는데, 노련한 벌목공들은 당황하지 않고 상황을 분석한 다음 수많은 통나무들 중 딱 하나를 골라 해머로 집중 가격한다. 신기하게도 한 개의 통나무를 쳐서 아래로 흐르게 했을 뿐인데 나머지 통나무들이 스스로 풀려 버리는 일이 벌어진다. 그 하나의 통나무를 킹 핀 king pin 이라고 부른다.

우리의 황금과 같은 가치를 덮어버린 진흙들을 벗겨 내는 작업에도 캐나다 벌목공들의 노련한 지혜가 필요하다. 진흙으로 덮인 우리의 상태를 로그 잼이라 생각한다면 이것을 해결하는 킹 핀 역시 존재한다. 규칙적인 기상 습관이 바로 우리 삶의 회복을 위한 킹 핀이다.

규칙적인 기상은 단순히 하루를 일찍 시작해 좀더 많은 시간을 확보하자는 실리적인 측면에서 강조되는 것이 아니다. 그것보다 훨씬 더 강한 효과가 있다. 새로운 삶의 스타일을 온몸으로 느끼게 하는 강렬한 변화의 신호탄인 것이다.

소모적이고 비생산적인 밤의 문화를 청산하고, 생산적이고 창의적이며 독립적인 새벽 문화로 일대 삶을 전환하라는 것은 개인 시간의 구조조정이며 '성공하는 한국인이 지녀야 할 7가지 습관'의 첫 번째 도전이다.

②
플러스 3시간
공식

미국 화장품 업계의 여류 사업가 메리 케이 애시Mary Kay Ash 회장은 함께 일하는 임직원들에게 이런 이야기를 종종 한다.

"끊임없는 자기계발과 혁신만이 변화의 시대에 살아 남을 수 있는 유일한 대안입니다. 시간이 부족하다는 것은 결코 이유가 될 수 없습니다. 저의 계산을 잘 들어보세요. 매일 아침 30분만 일찍 일어날 수 있다면 당신의 꿈이 어떤 것이든 이루어 낼 수 있습니다. 주일을 제외하고도 하루에 30분씩 1주일이면 180분, 즉 3시간을 확보할 수 있습니다. 1년 동안 30분씩 빨리 일어난다면 약 160시간을 확보할 수 있지요. 주당 근로시간을 40시간으로 본다면 정확하게 4주, 즉 한 달의 총 근무시간과 동일한 새로운 나만의 시간을 창출해 낼 수 있는 것입니다. 이 시간을 활용해 당신의 부가가치를 높이세요!"

메리 케이 여사는 새벽 시간의 30분을 확보하면 일 년에 한 달의 근무 시간과 비슷한 여유 시간이 생긴다는 것을 아주 설득력 있게 설명해 주었다. 그렇다면 시간의 구조 조정에 성공해 3시간을 확보할 수 있다면 어떤 결과가 생길까? 이를 '플러스 3시간 공식'이라고 이름 붙여 보자.

- 아침에 30분(1유닛)을 빨리 일어나면 일 년에 한 달의 새로운 시간을 확보할 수 있다(1유닛=새롭게 확보한 1개월의 근무 시간만큼의 여유 시간): 메리 케이 법칙
- 훈련을 통해 새벽의 3시간을 새롭게 확보할 수 있다고 가정한다.
- 3시간은 30분짜리 6개의 유닛에 해당한다.
- 1유닛은 1개월의 근무 시간이므로 6유닛(3시간)은 6개월의 근무 시간을 의미한다.
- 새벽의 3시간은 무려 6개월의 근무 시간에 해당하는 여유 시간을 선물해 준다.

플러스 3시간 공식에 의하면 새벽의 3시간은 1년으로 치면 무려 6개월의 근무시간과 동일한 시간을 확보해 준다. 게다가 새벽의 집중력은 낮 시간의 2~3배에 이른다. 약간 과장해서 표현하자면 새벽의 3시간은 거의 1년이나 1년 반에 맞먹는 새로운 미지의 영역을 개척할 힘을 우리에게 선사하는 것이다.

안철수 교수가 의과대학 일로 정신 없이 바빴을 젊은 시절, 한국에

컴퓨터 시대가 도래했다. 바이러스 백신이라고는 안철수 교수가 유일하게 V3를 개발하던 초창기의 일이다. 그는 도무지 낮의 업무 시간 중에는 병원과 학교 일로 틈을 낼 수가 없어 결국 3시간을 일찍 일어나기로 결심했고 이 습관을 무려 7년 동안 지속했다. 그 새벽 3시간을 이용하여 백신 개발에 열중한 결과 안철수 연구소가 태동하였다. 3시간의 효과는 상상을 초월할 만큼 놀랍다.

   내 안의 진정한 가치를 회복하기 위해 자신과의 한판 승부를 선포하고 새벽에 규칙적으로 깨어나는 것으로부터 새 출발을 해 보자. 천 배의 부가가치 상승은 결코 불가능한 꿈이 아니다. 습관의 방정식은 우리의 삶을 제곱으로 끌어 올려 기대 이상의 가치를 선사할 것이다.

3
기상 습관을 바꿔야 하는 4가지 이유

혹자는 새벽의 1시간이 저녁의 3시간과 맞먹는다고 한다. 이 말을 처음 들었을 때 다소 과장된 표현을 한다고 생각했다. 그러나 지금은 그 견해에 전적으로 동의한다. 그 효과를 몸소 체험했기 때문이다.

새벽에 집중력이 높아진다는 것을 입증하기 위해 수면 학자들은 샘플 집단을 만들어 새벽과 오후에 간단한 곱셈 문제를 풀어보게 했다. 그 결과는 새벽 시간의 엄청난 집중력을 쉽게 입증했다.

새벽은 미지의 밀림과도 같은 미개척의 영역이다. 그러기에 새벽을 '지상 최후의 자유 시간'이라고 일컫기도 한다. 모두가 잠들어 있을 고요한 새벽에 하루를 시작한다는 것은 실천하기 어려운 만큼 가치도 크다. 기상 습관을 바꿔야 하는 다음 네 가지 이유들을 살펴보자.

첫째, 새벽에는 시간에 대한 감각이 예민해진다

시간의 체감 속도는 연령별로 다르다고 한다. 사람들이 시간을 체감하는 속도는 10년 단위로 빨라져서 10대에 비해 20대는 2배, 30대는 3배, 50대는 5배로 느끼는 것이다. 하루 24시간이라는 객관적인 시간도 우리는 매우 주관적으로 받아들이는데, 새벽 시간은 특히 이 시간 관념에 민감하다. 새벽의 체감 속도는 저녁과 비교했을 때 완전히 다르다. 새벽에는 4시 25분과 4시 30분이 전혀 다른 시간인 것처럼 시간에 대한 감각이 예민해지지만 집중력이 떨어지는 밤에는 그 인식 단위가 30분 정도로 길게 늘어진다.

시간 감각이 예민해진다는 이야기는 결국, 새벽 시간을 잘 활용하면 아주 밀도 높은 생산적인 활동이 가능해진다는 뜻이다. 새벽 기상을 체질화하려 한다면, 5분 단위로 세분화해서(5분씩 나눠 쓰라는 의미가 아니다. 5분 정도의 민감한 감각으로) 계획을 세워 보자. 다음 날 새벽에 어떤 일을 할 것인지 전날 밤에 미리 노트나 다이어리에 기록해 두는 것은 시간을 훨씬 더 잘 활용하는 비결이다.

둘째, 집중력과 판단력에 가속도가 붙는다

낮이나 밤에 집중력이 떨어지는 이유는 우리를 방해하는 시간 도둑들이 많기 때문이다. 불쑥 나타나는 방문객, 시도 때도 없이 울려대는 전화와 핸드폰, 각종 SNS 메시지들은 한 가지 일에 집중하는 것을 어렵게 한다.

하지만 새벽에는 이런 방해 요소들이 거의 없다. 마치 아무도 밟지 않은 새하얀 눈 위에 처음으로 발자국을 내며 걸어가는 것처럼 신선하다.

피터 드러커 박사의 경험에 의하면 집중력에 가속도가 붙은 새벽 2~3시간의 생산성은 토막 난 낮의 10시간과 견줄 수 있을 정도라고 한다. 오랫동안 끌어온 고민이나 당장 내려야 하는 결단은 이 시간을 활용하면 가장 좋은 효과를 거둘 수 있다.

셋째, 새벽의 신선함이 창의력을 활성화한다

새벽에는 운동을 하기 보다는 글을 쓰거나 새로운 계획을 구상하는 일에 몰두하는 것이 좋다. 육체적인 활동보다 (운동 선수의 경우는 예외로 하고) 정신적인 활동을 하라는 뜻이다. 새벽의 신선함이 창의력을 더욱 활성화시키기 때문이다. 이런 좋은 환경은 인위적으로는 절대 만들 수 없다. 하루 24시간 중에 새벽의 몇 시간은 신이 우리 인간에게 선물해 주신 축복의 시간이다. 우리 몸에서 분비되는 아드레날린과 코르티코이드(부신 피질) 호르몬은 새벽부터 점점 분비량이 증가해 오전 7시에서 8시 사이에 정점에 도달한다. 이 두 호르몬은 상호 작용을 통해 정신과 육체 활동을 모두 활발하게 한다. 즉 새벽부터 오전

7~8시 무렵까지가 두뇌가 가장 맑은 상태인 것이다.

넷째, 승리감으로 하루를 시작하게 된다

새벽에 일어나는 것은 시간을 버는 일임과 동시에 하루를 자신감과 승리에 찬 마음으로 시작하게 한다. 아무도 일어나지 않은 시간에 홀로 깨어 미래를 위해 무언가를 하고 있다는 뿌듯함은 단지 일찍 일어났다는 사실 그 이상의 의미를 지닌다.

남들은 잠에 취해있을 시간에 깨어나 미래를 위해 투자하고 있다는 생각을 하면 이미 하루의 반은 성공한 셈이다. 하루를 실패로 시작하는 삶과 완벽한 승리로 시작하는 삶의 결과는 불을 보듯이 뻔하다. 언제나 작은 차이가 삶에 커다란 변화를 가져오는 법이다.

4
규칙적인 기상 습관을 정착시키는 3대 원칙

아침 일찍 규칙적으로 일어나는 습관이 왜 중요한지 깨달았다면 그 습관을 정착시키는 3대 원칙을 살펴보자.

- 원칙 1. 야간 절제: 밤의 유혹을 떨치고 정한 시간에 무조건 잠자리에 든다.
- 원칙 2. 재침 금지: 알람이 울리면 즉시 일어나고 절대 다시 눕지 않는다.
- 원칙 3. 새벽 목표: 새벽 시간을 활용해 무엇을 할 것인지 선명하고 뚜렷한 목표를 세운다.

원칙 1. 야간 절제: 정한 시간에 반드시 잠자리에 들기

대부분의 사람들은 일찍 일어나기 위해서는 잠자는 시간을 줄여야 한다고 생각한다. 그러나 수면 시간을 희생해서 새벽 시간을 확보하는 것은 바람직하지 않다. 우리 몸은 평균 6~8시간의 수면 시간을 요구하는데, 갑자기 수면 시간을 4~5시간으로 줄이면 몸에 무리가 온다. 매일 새벽 1~2시에 잠자리에 드는 사람이 새벽 6시에 일어나려 한다면 몇 번은 성공할 수 있을지 몰라도 그것을 습관으로 체질화하는 것은 불가능하다. 몸이 상해서 낮에 피로가 몰려들어 며칠 못 가 포기하게 된다.

아침 7시에 일어나는 것이 목표라면 늦어도 밤 12시에는 잠자리에 들어야 한다. 아침 6시에 일어나려면 밤 11시 30분 전에는 자야 하고, 새벽 5시에 일어나려면 밤 11시 전에는 무슨 일이 있어도 잠자리에 들어야 한다. 이를 위해서는 자기에게 필요한 수면시간이 얼마인지를 먼저 파악해야 한다. 이에 대해서는 뒤에서 좀더 자세히 다룰 예정이다. 자신의 적정 수면시간이 7시간인 사람은 반드시 목표 기상 시간 7시간 전에 취침하는 것을 원칙으로 한다.

규칙적 기상 훈련은 엄밀히 말하면 규칙적 취침 훈련이다. 5시 기상이 목표가 아니라 11시 취침이 목표가 되어야 한다. 이를 위해 저녁 시간을 조율하고 취침 시간을 넘지 않도록 자신을 컨트롤해야 하는데 이 과정을 통해 삶을 주도하는 능력도 기를 수 있다. 즉, 규칙적 기상 습관 훈련은 외부조건에 의해 이리저리 끌려 다니던 인생을 내가 주도적으로 실천하고 정복해 나가는 연습을 하는 것이다. 이런 작은 변화들이 삶의 주도성 확보로 연결되고 나머지 6가지 습관들과 어우러져 폭발적인 시너지를 발휘할 때, 우리 삶의 진흙들이 툭툭 떨어지고 빛나는 삶의 가치들이 드러나기 시작한다.

원칙 2. 재침 금지: 눈을 뜨면 즉시 일어나고 다시 눕지 않기

새벽에 눈을 뜨면 바로 일어나고 한 번 일어났으면 절대로 다시 눕지 말아야 한다. 규칙적 기상 습관이 아직 체질화되지 않은 경우, 알람 소리를 듣고 일어나 활동하다가도 피로를 못 이겨 다시 침대로 돌아가 눕는 경우가 많다.

우리 몸은 독립적인 존재가 아니다. 정신이 보내는 신호에 민감하게 반응하는 대단히 정교한 기계장치와 같다. 우리 몸이 잠에서 깨어나는 습관은 단순히 형성된 것이 아니다. 어려서부터 부모의 잔소리를 들어가며 겨우 일어나던 기억, 알람이 몇 차례 반복해 울리는 것을 누르고 또 눌러 미적거리다가 결국 아침도 못 먹고 허둥지둥 학교로 달려가던 습관, 출근 시간에 맞춰 겨우 일어나는 것을 반복하던 마이너스 습관들이 만들어 낸 결과다. 이는 하루 아침에 바뀌지 않는다. 먼저 의식을 혁신적으로 바꾸어야 한다. 바이러스에 감염된 컴퓨터를 포맷하듯 수동적이고 방어적인 자세를 적극적이고 능동적인 자세로 바꾸어야 한다.

피터 드러커 박사는 이렇게 강조한다.

"왼쪽 귀와 오른쪽 귀 사이에 있는 그 무엇을 가동시켜 돈을 버는 지식 근로자들은 스스로 목표를 정하고, 그 목표를 달성해 내는 능력으로 평가를 받는 사람들이다. 지식 근로자에게 가장 중요한 능력은 목표 달성 능력이며 이런 목표 달성 능력은 기상 습관을 통한 주도적 실행 능력이 체질화되었을 때 점점 고도화된다."

원칙 3. 새벽 목표: 새벽 시간 활용에 대한 뚜렷한 목표

'왜 새벽에 일어나려고 하는가?'에 대한 질문을 스스로 던져 보고 그에 합당한 이유를 찾아내야 한다. '남들이 하니까', '아침형 인간이 유행이니까'라는 막연한 동기는 금세 실패하게 만든다. 규칙적 기상의 결단은 킹 핀을 거대한 해머로 내리치는 것과 같은 충격 요법이다. 무언가 남다른 뚜렷한 동기를 갖고 자신에게 충격을 주어야만 겨우 성공할 수 있는 어려운 도전이다.

만일 지금 나의 상황이 어떤 절박한 위기에 처해 있다면 그것은 더할 나위 없이 좋은 환경이다. 필자도 다니던 회사를 그만두고 아무도 불러주는 곳이 없는 상황에서 가장 먼저 결단한 것이 새벽 기상이었다. 이런 절박한 상황은 나로 하여금 스스로 새벽을 깨우게 했다. 혹시 지금 자신의 상황에 이런 절박함이 없다면, 스스로에게 위기 의식을 불어 넣을 수 있는 동기가 더욱 필요하다. 아침잠의 달콤한 유혹은 어정쩡한 각오를 단숨에 집어삼켜버리고 말 것이다. '나가서 싸우든가 아니면 죽음을 선택하자!'라고 외치던 윈스턴 처칠의 절박함이 내면으로부터 솟구쳐야 새벽을 깨울 수 있는 힘이 비로소 생겨난다.

자신의 인생에 대한 분명한 꿈이 있고, 그것을 이루기 위한 구체적인 목표와 로드맵을 갖고 있는 사람들은 하루하루 이뤄 내야 할 확실한 목표와 이유가 있다. 그 사람들에게 새벽 시간은 극히 소중한 시간이다. 이 시간을 사랑하는 연인과의 데이트를 앞둔 설레는 마음으로 기다릴 수 있어야 한다. 태양이 빨리 떠오르기를 기다리는 열정이 있어야 비로소 규칙적 기상 습관을 정복할 수 있다.

⑤ 기상·취침 시간 기록을 통한 습관화 훈련

규칙적 기상 습관을 정착시키기 위해서는 아침 7시에 일어나는 훈련부터 시작하는 것이 좋다. 앞에서 다루었던 7개의 별을 기록하는 달력에 같은 방식으로 매일 아침 깨어난 시간을 기록한다. 기상 시간 아래 쪽에는 총 수면 시간을 기록하고, 맨 아래쪽에 아침 7시 이전 기상이 며칠째 지속되고 있는지를 기록한다. 이렇게 21일을 성공하면 첫 관문을 통과하는 것이다. 무엇이든 시작이 중요한 법이다. 이 첫 관문을 제대로 돌파할 수 있도록 강력한 동기를 부여해야 한다는 것을 잊지 말아야 한다.

4~5명 규모의 소그룹을 편성해 서로 모닝콜을 해 주는 것도 규칙적인 기상 습관을 정착시키는 데 유용한 방법이다. 그룹 중 한 명이 늦잠을 자면, 구성원 모두가 불리하도록 규칙을 정해 놓는다. 이렇게 하면

플러스 습관 만들기 1단계 21일 작전

습관 1 : 새벽 기상(목표 07:00분 3주 성공하기)

일	월	화	수	목	금	토
	1 06:53 기상 5:50 취침 ★1	2 06:45 기상 6:10 취침 ★2	3 06:23 기상 6:50 취침 ★3	4 06:30 기상 6:20 취침 ★4	5	6
7	8	9	10	11	12	13
14	15	16	17	18	19	20
21	22	23	24	25	26	27

서로 격려하면서 함께 아침에 일어나는 훈련을 할 수 있어 재미도 있고 효과적이다.

 3주 간의 훈련을 통해 아침 7시 이전에 일어나는 습관이 정착되었다면, 그 다음에는 30분을 앞당기는 것을 목표로 설정한다. 물론 자신의 체력이나 생활 환경 등을 고려해 절대로 무리한 도전을 해서는 안 된다. 아무리 생각해봐도 밤 12시 이전에 취침하는 것이 불가능하다면 기상 시간을 무리해서 앞당길 필요가 없다. 한 10분 정도 앞당겨서 상쾌하게 일어날 수 있다면 성공적인 하루의 시작으로 훌륭하다. 여러 노력을 통해 취침 시각을 밤 11시로 앞당길 수 있다면, 기상 시간을 30분씩 앞당겨 처음에는 6시 30분 기상을 정복하고 다음에는 6시, 이런 식으로 조금씩 새벽을 정복해 나가는 것이 좋다.

6

21-1=0

기상 시간을 앞당기는 과정에서 달콤한 유혹은 끊임없이 우리를 괴롭힌다. 그 유혹을 못 이겨 중간에 포기하는 경우가 많은데, 이 독특한 습관의 원리를 수학적으로 설명해 보고자 한다. 일반적으로 10-1=9, 10-5=5라고 생각하지만, 습관의 수학에서는 10-1=0이고 10-5 역시 0이 되고 만다.

우주선을 발사할 때 고비는 대기권을 돌파하기까지의 과정이다. 우주선이 발사되어 10지점까지 날아가야 대기권을 돌파할 수 있는데, 중간에 추락한다면 그 지점이 1지점이든 9지점이든 대기권 돌파에 실패했다는 결과는 결국 같다. 즉, 우리 체내의 신경회로에 미엘린이 제대로 피복되어 특별한 노력을 기울이지 않아도 6시에 몸이 벌떡 일으켜지는 것을 '습관화되었다'라고 한다면 이를 위해서는 최소 21일, 최대 50일까지 단 하루도 멈추지 않고 계속 미엘린을 감는 심층연습이 있어

● **그림 3** 습관화 과정

야 한다는 의미다. 그러므로 습관의 수학은 가볍게 보면 21−1=0인 셈이다. 좀 까다롭게 보면 51−1=0이 되기도 한다. 이를 그림으로 표현해 보면 〈그림 3〉과 같다.

여기 웅덩이에 빠진 공을 끄집어 내는 것을 습관화 과정이라고 생각해 보자. 공은 습관을 위해 노력하고 있는 우리 자신을 의미한다. 예컨대 나는 새벽 6시 기상을 위해 도전하는 중이다. 〈그림 3〉의 오른쪽 그림에 의하면 결심 후 하루 성공하면 공이 한 칸 위로 올라간다. 이를 연속 성공하면 다시 한 칸 위로 상승한다. 그렇게 15일을 성공해서 15번째 칸에 공이 올라와 있다고 가정해 보자. 아뿔사, 16일째 되는 날 그만 실패하고 말았다. 그때 빨간 공은 어디에 있을까? 아쉽게도 인생의 단계는 오른쪽 그림이 아니라 왼쪽 그림과 같기 때문에 15번째 칸에 머물러 있는 것이 아니라 또르르 굴러 떨어져 다시 원래의 웅덩이 맨 밑바닥으로 회귀하고 만다. 이것이 습관의 수학이다. 하루 실패함으로써 원점으로 돌아가 15−1=0이 되는 것이다.

그런데 여기에 한 가지 재미있는 사실이 있다. 21일 동안 하루도 실패하지 않고 공을 끌어 올리면 신경회로의 미엘린이 임계점을 넘는다. 그러면 그 후에 한 번 정도 연습을 걸렀다 해도 바로 원점으로까지 떨어지지 않는다는 것이다. 왼쪽 그림에서 웅덩이의 곡선이 한 번 휘어지는 A지점이 바로 그 곳이다. 일단 21일의 첫 고비를 넘기면 공이 A지점까지 올라오고, 그 후부터는 한두 번 걸렀을 때 맨 아래까지 굴러 떨어지는 것이 아니라 A 지점까지만 떨어지는 것이다. 50일 정도를 거르지 않고 꾸준히 훈련하면 웅덩이를 완전히 빠져 나갈 수 있다.

로켓은 대기권을 돌파하는 지점까지 가기 위해 강렬한 에너지를 필요로 한다. 그래서 로켓의 몸체는 주로 연료로 채워지고 로켓 맨 상단의 2~3% 정도의 공간만이 중요한 인공위성 등을 위해 할애된다. 97~98%의 몸통 에너지로 대기권을 돌파하면 그때부터는 아주 극소량의 에너지인 태양열 집전판으로도 충분히 위성으로서의 기능을 할 수 있다.

습관의 수학도 이와 같다. 좋은 습관을 형성하는 것은 대기권을 돌파하는 것처럼 많은 에너지를 필요로 하지만 일단 한 번 돌파하고 난 이후부터는 특별한 에너지 소비 없이도 저절로 우리의 삶을 가장 멋진 곳으로 이끄는 동력이 된다. 여기에 투자 대비 효율이 존재한다.

최근 '1만 시간의 법칙'이라는 용어가 널리 사용되고 있다. 인류 역사상 큰 업적을 남긴 대가들의 삶을 분석해 보면 특정 일에 최소한 1만 시간 정도의 집중적인 시간 투자가 이뤄진다는 것이다. 1만 시간이 별 것 아닌 것 같지만 매일 하루도 빼놓지 않고 3시간씩 연습한다고 가정했을 때, 10년을 투자해야 하는 엄청난 시간이다. 1만 시간의 노력을 다할 때 비로소 우리 뇌는 최적의 상태가 된다. 1만 시간 법칙을 주장한 말콤 글래드웰Malcolm Gladwell은 우리가 성공에 대한 잘못된 신화에 얽매여 있다고 주장한다. 그것은 바로 가장 똑똑하고 영리한 사람이 정상에 오른다는 신화이다. 그래서 보통 사람들의 범주를 벗어나 성공을 이룬 사람들을 논할 때 그 사람의 지능을 가장 궁금해 한다. 이 신화에 따라 사회는 사람들의 IQ를 측정하고 그에 의거해 사람들을 선발하고 차별한다. 그러나 글래드웰에 따르면 성공적인 존재가 되는 데 필요한 첫 번째 요인은 천재적 재능이 아니라 소위 '1만 시간의 법칙'이라고 불리는 쉼 없는 노력이다.

그렇다면 무엇이 1만 시간의 법칙을 가능하게 하는가? 무엇보다 집중하고 있는 그 일이 나의 강점과 일치해 재미와 보람이 있어야 한다. 그리고 그 재미있고 보람있는 일을 습관화하여 대기권을 돌파한 인공위성처럼 극소량의 에너지를 투입하고서도 온전한 몰입의 단계에 이를 수 있도록 해야 한다.

7
나만의 수면 스타일 찾기

새벽 기상 습관에 성공하기 위해서는 무엇보다 수면의 질이 중요하다. 깊은 잠으로 피로를 풀지 않고 수면 시간만 단축하면 장기적으로 건강에 큰 위협이 되기 때문이다. 여기서는 어떻게 깊은 잠을 잘 수 있는지, 수면에 대한 여섯 가지 핵심을 생각해 보자.

첫째, 수면 스타일은 사람마다 다르다

많은 사람들이 수면 시간은 짧은 것이 좋고, 잠이 많다는 것을 수치스럽게 생각한다. 요즘 같이 치열한 경쟁사회에서 잠이 많은 것을 게으른 것으로 생각해 무조건 적게 자는 것이 유능한 사람인 것처럼 생각하는 것이다. 그러나 반드시 그런 것은 아니다. 역사를 살펴 보아도 위대한 업적을 남긴 천재들 가운데에는 잠이 많기로 유명했던 사람들도 있다. 윈스턴 처칠이 그랬고 아인슈타인도 평균 수면시간이 9시간을 넘었다는 이야기가 있다. 장면長眠형은 대체로 창의적 사고가 뛰어난 사람들이 많다. 반면 단면短眠형의 사람들은 4~6시간의 수면으로도 일상 생활에 아무런 지장이 없는 사람들이다. 이들은 대개 성취욕구가 매우 강한 성향을 띠고 있다.

두 스타일 모두 장점과 단점이 있는데, 장면형은 시간을 낭비한다는 단점이 있다. 잠으로 소비되는 시간이 많기 때문에 단면형보다 하루에 쓸 수 있는 가용 시간이 절대적으로 부족해진다. 현대 사회에서 이는 매우 불리하다. 반면 단면형의 경우는 아무래도 몸에 지속적으로 무리가 가해지기 때문에 대체로 수명이 짧다는 통계가 있다. 이것도 전체적인 인생의 시간을 계산해 보면 인생 전체의 가용 시간이 부족하다는 의미가 된다. 즉, 장면형, 단면형 모두 자신에게 주어진 시간을 효율적으로 사용하는 측면에서 각각의 문제점이 있다.

둘째, 잠은 길이보다 깊이가 중요하다

사실 잠에서 더욱 중요한 것은 길이가 아니라 깊이다. 학자들은 수면에 크게 두 종류가 있다고 한다. 렘Rapid Eye Movement, REM 수면과 논렘Non-REM 수면이 그것인데, 렘 수면은 대뇌가 활동하고 있는 상태라 잠을 자는 도중에도 안구가 이리 저리 움직이는 모습을 볼 수 있다. 몸은 잠들어 있지만 뇌는 활동하면서 꿈을 꾸기 때문에 숙면의 상태가 아니라 얕은 잠을 자고 있는 것이다. 논렘 수면은 안구의 움직임도 거의 없고 대뇌도 쉬고 있는 상태의 수면이다.

논렘 수면 중의 뇌파 변화에 따라 수면 단계는 다시 4단계로 나눌 수 있다. 1단계는 꾸벅 조는 상태, 2단계는 일반적인 수면 상태, 3~4단계는 숙면의 상태이다. 우리가 흔히 푹 잘 잤다고 표현하는 깊은 잠은 바로 3, 4단계를 뜻한다. 이 때 나오는 뇌파는 델타파delta wave인데, 이 상태를 서파徐波 수면이라고 한다. 서파 수면의 상태를 체험하는 것이 숙면의 비결이다. 단지 오래 잠자리에 누워 있다가 일어난다고 해서 피로가 풀리는 것이 아니다. 서파 수면은 잠에 빠진 후 3시간 사이에 이뤄지고, 4시간 이후부터는 렘 수면을 반복하는 경우가 많다. 그러므로 수면의 길이에 집착하는 것 보다는 서파 수면을 얼마나 충실하게 지속했느냐 하는 것이 양질의 수면을 위한 핵심이다.

셋째, 내 몸에 적합한 수면 시간 파악하기

수면 습관은 훈련에 의해 어느 정도 조절이 가능한 영역이다. 수면 습관 조절 훈련을 위해서는 무엇보다 내가 하루에 몇 시간을 자야 피로가 풀리는지 정확히 아는 것이 중요하다. 조금 번거롭고 귀찮아도 자신의 1주일 총 수면 시간을 파악해본다. 일기를 쓰면서 전날 몇 시간을 잤는지, 그리고 낮잠을 잤다면 몇 분을 잤는지 정확하게 측정하여 기록한다. 주말에 늦잠을 자거나 혹시 낮잠을 길게 잤다면 그것까지 정확하게 기록해야 한다. 1주일의 168시간 중에서 몇 시간 몇 분을 잠자는 데 사용했는지 면밀히 파악해서 그 시간을 7로 나누면 나에게 필요한 하루의 적정 수면시간이 된다.

이런 과정을 통해 나에게 필요한 수면 시간이 확인되면 다음 단계로 넘어간다. 불필요한 수면 시간을 줄이는 수면 가지치기 작업에 들어가는 것이다. 수면에 대한 정확한 지식을 갖고 약간의 훈련을 하면 몸의 피로를 푸는 데 불필요한 잠을 줄여 나갈 수 있다.

넷째, 평안한 마음으로 잠 청하기

그렇다면 어떻게 해야 깊은 잠의 상태인 서파 수면에 빨리 도달할 수 있을까? 여기에는 두 가지 핵심 노하우가 존재한다. 첫째는 마음이 평안한 상태에서 잠자리에 드는 것이다. 아래 〈그림 4〉는 우리가 잠에 빠져드는 과정을 표현한다. 다음 그림 중에서 어떤 그림이 잠에 빠져드

● 그림 4

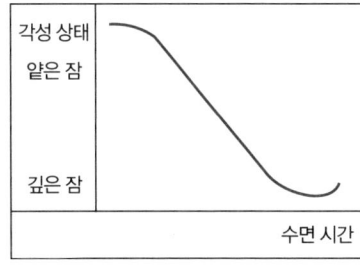 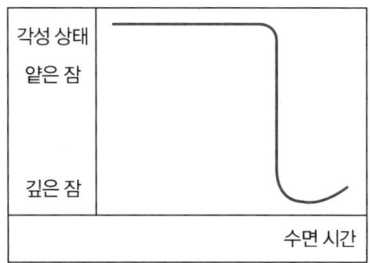

는 사람의 상태를 정확하게 묘사한 것으로 보이는가?

약간 극단적이기는 하지만 답은 오른쪽 그림이다. 잠에 빠져드는 과정은 점진적인 과정이 아니다. 깨어있는 상태로 있다가 순식간에 잠에 툭, 하고 떨어지는 것이다. 따라서 질 좋은 수면을 하기 위해서는 〈그림 5〉처럼 T의 길이를 줄여서 잠드는 시간을 최소화해야 한다.

● 그림 5

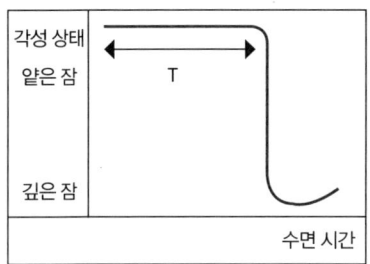 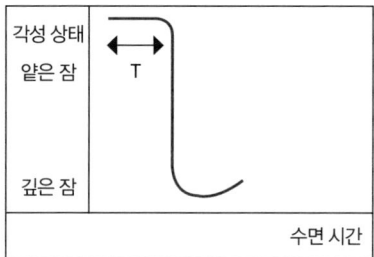

불면증에 시달리는 사람은 T의 길이가 지나치게 길다. T의 길이는 주로 잠들기 전 심리상태에 달려있다. 숙면을 위해서는 먼저 마음의 짐을 내려 놓아야 한다. 어떻게 하면 마음의 짐을 내리고 텅 빈 상태로 잠에 들 수 있을까? 누워서 그저 마음이 비워지도록 간절히 바라면 되는 것일까? 비우려고 집착하면 그것이 더 큰 신호가 되어 마음에 온갖 잡생각들이 수면 위로 떠올라 더 복잡해진다. 마음을 비운다는 것은 그리 쉬운 일이 아니다. 의지로 잘 다스려지지 않기 때문이다.

마음을 비운다는 것은 다음의 두 가지를 의미한다. 그날 하루의 일과 중에서 불쾌하고 우울했던 부정적인 생각들과 즐겁고 기쁜 일들을 모두 털어내 버리는 것이다. 부정적인 생각만 T를 길게 하는 것이 아니다. 오히려 흥분되고 가슴 뛰는 생각이나 사건들이 수면의 더 큰 방해 요소가 될 수 있다.

마음의 짐들을 내려 놓기 위해서는 마음뿐만 아니라 몸으로 접근하는 방식도 병행해야 한다. 구체적인 방법은 다음과 같다.

- 침대에 누운 상태에서 온몸의 힘을 뺀다.
- 배꼽 아래의 단전(배꼽 밑 3cm 정도의 위치)에 마음을 집중시킨다.
- 마음의 초점이 단전에 모아지면 복식 호흡을 시작한다.
- 복식 호흡은 숨을 들이쉴 때 배가 불룩 나오고 숨을 내쉴 때 배가 서서히 아래로 내려가도록 하는 것이다.
- 호흡은 소리가 들리지 않을 정도로 가늘고 곱게 코로만 들이쉬고 내쉬기를 반복한다.

복식 호흡은 일종의 심호흡으로, 몇 차례 집중해서 반복하면 혈압이 미세하게 떨어지는 효과가 있다. 심장에서 출발한 혈액이 혈관을 통과하면서 혈관벽을 밀어내는 압력의 수치가 혈압이므로, 심장이 뛰면서 혈액을 방출한 직후가 혈압이 가장 높고, 다시 혈액을 뿜어내기 직전이 가장 낮은 상태다. 그런데 심호흡을 반복하면 혈관이 미세하게 확장되어 자연히 혈관벽을 미는 힘인 혈압이 5~10 정도 순식간에 떨어지는 것이다.

마음이 복잡하고 들뜨거나 생각이 많은 상태에서는 혈압이 평소보다 조금 올라간다. 우리가 흔히 화가 났을 때를 '혈압 오른다'고 표현하는데 그리 틀린 말은 아니다. 실제로 야구 선수가 1루에서 2루로 도루하기 직전, 흥분이 극에 달했을 때의 심장 박동수는 평소의 1.5배 이상이고 혈압은 170~200까지 급격하게 올라간다고 한다. 마음의 초조함이 몸에 즉각 전달되는 것이다. 심호흡을 통해 인위적으로 혈압을 약간 낮추면 반대로 우리 마음의 복잡하고 들뜬 것들이 자연스레 사라지면서 평안한 상태로 회복될 것이다. 위의 방법을 자기 전에 매일 실천하라.

다섯 째, 몸에 힘을 뺀 상태에서 잠을 청한다

심호흡으로 마음을 안정시킨 다음에는 몸에 힘을 빼야 한다. 깊은 잠에 빠져 있는 상태, 즉 서파 수면에 있는 사람들을 보면 모든 근육에 힘이 하나도 남아 있지 않다. 잠에 빠진 어린 아이를 안을 때 사지가 축 처져 있는 경우를 볼 수 있다. 혹은 깊은 잠을 자고 일어난 후에 베개에 침이 묻어 있는 경우도 있다. 이것은 우리가 깊은 잠을 잤다는 증거이다. 얼굴 근육의 힘이 모두 빠져 나가서 입안의 침이 새는 것조차 통제할 수 없어서 나타나는 현상이기 때문이다.

잠을 청하려 침대에 누웠을 때 몸에 있는 힘을 의도적으로 다 뺄 수 있으면 숙면에 훨씬 빠르게 돌입할 수 있다.

습관 2. 아침 묵상

플러스 사고력과
추진력 키우기

당신이 할 수 있다고 생각하든, 할 수 없다고 생각하든
당신의 생각은 항상 옳다.
―헨리 포드

1
플러스 사고력의 엄청난 힘

이제 우리는 자기 경영 능력의 극대화를 위한 출발선에 서 있다. 규칙적인 기상 습관이 마이너스 습관을 물리치고 삶에 대한 주도적인 실행 능력을 다지는 것이라면, 아침 묵상 습관은 플러스적 사고방식과 추진력을 키우기 위해 본격적으로 내면에 쟁기를 대는 단계이다.

다음 이야기를 생각해 보자.

1914년 12월, 위대한 발명가 토마스 에디슨의 실험실에 큰 화재가 발생했다. 이 화재로 200만 달러에 이르는 손실이 발생했고 에디슨이 평생 동안 쏟아 부은 땀의 결실이 한 순간에 물거품이 되고 말았다.

큰 불이 무섭게 타오르자 에디슨의 아들 찰스는 짙은 연기와 불길 속에서 미친 듯이 아버지를 찾았다. 얼마 후 찾은 아버지는 불길이 솟구쳐 오르는 모습을 평온하게 바라보고 있었다. 불길에 반사된 얼굴은 붉은 빛을 띠고 있었고 이마를 뒤덮은 백발은 차가운 바람 속에 흩날리고 있었다.

훗날 찰스는 그때의 일을 이렇게 회고했다.

"그땐 아버지 때문에 정말 괴로웠어요. 67세면 젊은 나이도 아닌데 그때까지 노력한 모든 실험 결과들이 한줌 재로 변했다고 생각해 보세요. 심정이 어떻겠어요. 그런데 그때 아버지는 이렇게 말씀하시더군요."

"찰스, 어머니는 어디 계시니? 가서 어머니를 모셔 오너라. 아마 평생 이런 구경은 못해봤을 게다."

"전 정말 믿을 수 없었죠. 아버지는 정말 태연하셨어요. 다음날 아침이 되자 불길은 잡혔지만 남은 것이라곤 아무것도 없었죠. 아버지와 함께 그곳을 둘러 보았어요. 전 아버지의 슬픔을 덜어 드리려고 노력했지만 아버지는 오히려 이렇게 말씀하시더군요."

"재난도 나름대로 가치가 있군. 봐라. 우리가 예전에 한 실수와 오류가 모두 말끔히 없어졌으니 하나님께 감사해야겠다. 이제 다시 새롭게 시작할 수 있겠구나."

화재가 일어난 지 3주 후, 에디슨은 다시 새로운 발명을 위한 실험에 착수했다.

에디슨이 전구를 발명했을 때의 일화는 더욱 유명하다.

그는 전류를 흘려서 빛을 만들어내는 발광 플라멘트의 소재를 찾아내기 위해 전 세계의 모든 소재들을 동원해 실험했지만 실패를 반복했다. 성공에 이르기까지 무려 1,000번의 실패를 겪었던 것이다. 어느 신문 기자가 에디

슨에게 물었다.
"당신은 어떻게 1,000번이나 실패하면서도 중간에 포기하지 않았습니까?"
그러자 에디슨은 정색을 하면서 말했다.
"실패라니요? 나는 절대로 실패한 적이 없습니다. 나는 단지 전구의 필라멘트로 사용할 수 없는 1,000개의 소재를 발견했을 뿐입니다."

　　성공적으로 삶을 영위하는 사람들은 대부분 이런 플러스적 사고 방식을 갖고 있다. 어떤 열악한 환경과 상황에서도 그 상황에 지배받거나 휘둘리지 않고, 그 안에 실낱 같은 가능성이 있다면 그것을 붙들고 일어서는 힘이 있다. 이러한 마음의 토양으로 우리의 사고 방식을 비옥하게 만들 때 비로소 우리는 가짜 내 모습에 속아 얼마나 쉽게 체념하고 살아왔는지를 발견할 수 있을 것이다.

②
NOWHERE를
읽는 힘

다음의 알파벳 일곱 글자를 잠시 바라 보자.

$$\boxed{\text{NOWHERE}}$$

이 단어를 어떤 이는 'NO WHERE'라고 읽고, 또 어떤 이는 'NOW HERE'라고 읽을 것이다. 이처럼 어떤 부분에서 끊어 읽는가에 따라 완전히 다른 뜻이 된다. 삶에서 부딪히는 수많은 문제들은 대부분 NOWHERE처럼 추상적으로 우리에게 다가온다. 그 문제들을 No Where로 읽어 '어디에도 해결책은 없다'라고 파악하는가, 아니면 Now Here로 읽어서 '바로 지금 여기에 해결책이 존재한다'라고 파악하는가는 전적으로 그 문제에 직면하는 자신에 의해 결정된다. 주어진 상황을 부정적인 관점에서 파악하고 내면에 부정적인 에너지를 끌어들이는 '마이너스 사고'는 자기 경영에서 치명적인 문제를 불러 일으킨다.

반대로 어떤 역경과 실패와 두려움과 고난의 상황 가운데서도 긍정의 요소를 찾아내고, 내면에 긍정적인 에너지를 불러 일으키는 '플러스 사고'는 우리의 삶을 행복과 성공으로 가게 하는 결정적인 요소이다.

달라스 신학교의 학장인 찰스 스윈돌 박사는 이렇게 말했다.

"Life is 10% what happens to me and 90% how I react to it."

우리 인생의 90퍼센트는 벌어진 상황에 내가 어떤 태도와 사고방식으로 반응을 하는가에 따라 결정되고, 현재 벌어진 일 그 자체가 나에게 문제되는 것은 겨우 10% 밖에 안 된다는 의미다. 부정적인 마이너스 사고 방식에 젖어 있는 사람의 경우는 이렇게 생각하는 내면의 구조를 가졌을 것이다.

"Life is 90% what happens to me and 10% how I react to it."

앞 장에서 살펴 보았던 습관 만들기의 웅덩이 그림을 다시 떠올려보자. 습관을 만든다는 것은 힘겨운 전투처럼 한 칸 한 칸 올라가는 과정인데, 마이너스 사고 방식을 가진 사람은 끊임없이 공을 아래로 끌어내리려는 부정적인 에너지를 뿜어낸다. 반면 플러스 사고를 하는 사람들은 끊임없이 위쪽으로 상승하는 에너지를 더한다.

인간은 누구나 할 것 없이 근본적으로 마이너스 사고에 젖어 있게 마련이다. 누가 특별히 가르쳐 준 것이 아님에도 불구하고 인간의 본성 자체는 어둡고 슬프며 쉽게 낙심하고 두려워하는 비관적 생각으로 흐르기 쉽다. 마치 열역학 제2법칙에서 말하고 있는 엔트로피 증가의 원리처럼 인간의 사고계Thoughts는 특별한 에너지를 주입하지 않고 본성대로 방치하면 자연스럽게 무질서도가 증가하여 끊임없는 불안감과 부정적인 생각으로 채워진다. 성공적인 자기 경영으로 가는 길에 존재하는 무수한 장애물들 중 가장 큰 것은 바로 내면에 있는 우리 스스로의 걸림돌, 즉 마이너스 사고라는 괴물이다.

에디슨의 일화를 다시 생각해 보자. 일이 지독하게 풀리지 않아 실험실이 몽땅 불타버리고 이 세상 어디에도 전구의 필라멘트가 될 소재가 없는 것처럼No Where 보였을 때, 항상 바로 지금 여기에 답이 있는 것처럼Now Here 포기하지 않고 앞으로 나아가 연구를 거듭할 수 있었던 힘은 과연 어디에서 나온 것일까? 이것은 결코 지능의 문제가 아니다. 에디슨의 내면에 자리 잡고 있었던 위대한 생각의 힘이다. 시대를 이끌어 가는 위대한 리더들의 삶에는 한결 같이 이런 놀라운 플러스적 사고가 존재한다.

3
아침 묵상으로 정신 단련하기

어떤 상황에 직면했을 때, 누구나 자신의 관점을 통해 플러스 혹은 마이너스 방향으로 사고를 전개해 나간다. 기본적인 관점이 마이너스인 사람은 늘 마이너스 사고로 흐를 수밖에 없다. 따라서 사고의 진행 과정 자체를 플러스 방식으로 강화하는 훈련을 꾸준히 해야 플러스적 사고 방식으로 변할 수 있다. 플러스적 사고가 일단 습관으로 정착되면 부정적으로 흐르는 사고를 밝고 긍정적인 사고로 전환하는 것이 보다 수월해진다. 다른 사람에 대한 멸시와 비난의 말 대신 격려와 용기의 말을 아끼지 않고 발전된 미래를 위해 그들에게 힘을 불어 넣어주는 능력이 생길 것이다.

플러스 사고를 하기 위해서는 다음과 같은 3가지의 핵심적인 훈련이 필요하다.

- 꾸준히 아침 묵상의 시간을 갖는다.
- 작은 것이라도 실천하는 힘을 키운다.
- 창의력을 길러 대안의 폭을 넓히는 힘을 기른다.

현실에서 주어지는 상황 가운데 플러스 사고를 유지하기 위해서는 '가상의 현실'을 반복 훈련하는 방식으로 연습할 수 있다. 그 과정에서 자연스럽게 플러스적 사고가 하나의 습관으로 자리잡게 된다. 상황은 항상 다양한 종류의 자극으로 우리에게 다가온다. 그리고 사고계를 정점으로 내면의 메커니즘이 작동해 해당 자극에 대해 적절한 반응을 선택하고 실행하는 일이 거의 순식간에 벌어진다. 그렇다면 어떻게 이 과정을 고급화시킬 수 있을까?

아침에 접하는 첫 텍스트를 통해 모의 훈련을 해 보는 것이다. 상황 대신에 '텍스트'가 놓여지고 해당 텍스트에 대한 나의 반응을 정리해서 글로 반응을 표출하는 연습을 하는 것이다. 이 훈련 역시 혼자서 하는 것보다 여럿이 팀을 이루어 하면 훨씬 효과를 볼 수 있다.

다음의 4단계를 통해 연습하면 된다.

1단계. 강력한 감동이 내재된 짧은 글 한편을 하루의 첫 텍스트로 읽는다

짧지만 강력한 메시지가 분명하게 담긴 아침 묵상 글을 1~2분 정도 읽는다. 가급적 특별히 내용 파악을 위해 애쓰지 않아도 될 만큼 명료하고 분명한 메시지를 담은 글이 좋다. 최근에는 이런 종류의 글을 모은 책들이 많이 나왔고, 인터넷 사이트나 이메일 서비스를 통해서도 감동적인 글들을 손쉽게 접할 수 있다. 이런 글들은 자극이 분명해서 모의 훈련을 어렵지 않게 할 수 있도록 도와준다.

1단계 과정에서는 주어진 텍스트에서 플러스적 사고를 이끌어낸다. 글을 읽고 즉시 그에 합당한 반응을 재빨리 머릿속에 정리해보는 것이다. 방치해 두면 마이너스로 흘러가는 우리의 사고계를 플러스로 전환하기 위해 날마다 일정량의 에너지를 공급해 주는 것과 같다. 매일 이른 아침, 두뇌가 완전히 깨어나기 전에 강력한 플러스 사고 영양제 한 방을 주사하라.

영어로 '묵상하다'를 meditate라고 하는데, 이 단어의 어원은 치료약을 뜻하는 medicine과 동일하다. 약 성분이 소화 기관에서 녹아 혈액을 통해 온몸으로 흘러 들어가 효과를 발휘하는 것처럼, 매일 아침 묵상의 과정을 통해 텍스트의 각성 성분이 우리의 영혼에 녹아 들어 마이너스 사고를 조금씩 치유해 줄 것이다.

2단계. 느낀 점을 짧게 기록한다

2단계는 텍스트에 대한 느낌을 머릿속에만 담아 두지 않고, 글이라는 형태로 출력해 구체적인 기록으로 남기는 단계이다. 어떤 상황이나 생각을 단지 머릿속으로만 정리하고 넘어가는 것과 그것을 글로 정리하는 것은 하늘과 땅만큼의 차이가 난다. 글로 쓰는 과정이 처음에는 익숙하지 않아 시간도 많이 걸리고 힘들지만, 느낌을 정리하는 과정을 통해 자신의 내면에 있던 마이너스 사고가 자연스럽게 표출되고 치유된다. 또한 이 과정에서 의식의 깊은 곳에서 잠들어 있던 황금의 가치를 지닌 플러스적 사고가 서서히 깨어나 꿈틀거리기 시작한다. 하지만 이 방식의 약효는 하루를 넘기기가 어렵다. 따라서 매일 아침, 하나의 의식처럼 소중하게 이 훈련을 반복할 필요가 있다.

글에는 삶을 변화시키는 놀라운 힘이 감춰져 있다. 이를 잘 이용한 것이 과거의 공산주의 세력들이다. 필자가 러시아와 우즈베키스탄에서 통역과 함께 강의하고 있을 때였다. 한국의 직장인이나 학생들은 자기 생각을 적는 훈련에 익숙하지 않다. 그런데 동구권 사람들은 마치 물 만난 물고기처럼 종이가 모자라도록 느낀 점을 쓰고 또 쓰는 것이 아닌가? 깜짝 놀라 통역자에게 물어 보았다. 빙긋 웃으며 하는 말이, 아마도 과거 공산주의 시절에 이런 방식으로 학습하고 토론하는 것이 익숙했는데 자유주의 물결이 밀려오면서 그런 문화가 갑자기 사라졌다가 이 강의로 옛날의 추억이 떠올라 즐거운 모양이라고 했다. 그 이야기를 듣는 순간 섬뜩한 느낌이 머릿 속을 스쳤다.

수십 년 전 북한의 공산주의자들이 김일성 수령을 위해 3대 각오를 한다는 이야기를 들은 적이 있다. 맞아 죽을 각오, 얼어 죽을 각오, 굶어 죽을 각오가 그것이다. 어떻게 한 인간을 위해 그런 끔찍한 각오를 할 수 있을까? 인간의 이성으로는 이해가 잘 되지 않았지만 묵상 훈련을 통해 사람들이 바뀌는 것을 지켜보면서 공산주의자들이 자신들의 이익을 위해 이런 방식으로 수십 년 동안 사람을 세뇌하고 컨트롤해 온 것을 깨닫게 된 것이다.

그만큼 언어에는 강력한 힘이 있다. 그 힘으로 아침마다 조금씩 우리의 마이너스 사고를 소멸시키고 플러스 사고를 깨어나게 할 수 있는 것이다.

3단계. 24시간 이내에 실천할 사항을 적는다

가장 중요한 것은 깨달음 그 자체가 아니라 삶에서의 구체적인 실천이다. 모의 훈련이 실제 상황과 연결되는 고리를 갖는 것이 바로 이 단계이다. 아침 묵상을 마무리할 때, 그냥 좋은 느낌을 글로 옮기고 끝내서는 안 된다. 반드시 앞으로 주어지는 24시간 이내에 구체적으로 실천할 수 있는 긍정적인 삶의 변화 요소 한두 가지를 적어야 한다. 요소는 24시간 이후에 실천 여부를 평가할 수 있는 것이 좋다.

사실 삶에서 무언가 긍정적인 결심을 하는 계기를 갖기는 쉽지 않다. 해가 바뀌거나 입학을 하거나 군대를 가거나 복학을 하는 등 인생의 주요 고비 외에는 쉽게 행동의 변화를 결단하지 않는다.

그런데 이 아침 묵상의 흥미로운 점은 그날의 느낌을 글로 옮기면서 마음 속에 플러스적인 파장이 일어나게 되는데 이 때를 놓치지 않고 플러스적 행동으로 옮길 기회를 포착할 수 있다는 것이다. 그 내용이 오늘의 묵상 텍스트와 논리적으로 연결되면 더욱 좋겠지만 꼭 그렇지 않아도 좋다. 삶의 긍정적인 행동 한두 가지면 족하다. 단, 반드시 다음 날 묵상 후에 어제의 실천 사항을 체크하는 습관을 들여 스스로 피드백하는 시간을 가져야 한다.

4단계. 서로의 느낌을 나누고 칭찬하며 동기를 부여한다

이 훈련도 기상 습관과 마찬가지로 혼자서 하기에는 지루하고 힘들다. 만일 소그룹의 형태로 7가지 습관을 익히고 있다면 온라인이나 오프라인의 만남을 통해 동일한 텍스트를 함께 묵상하고 이 내용에 대한 느낌을 정기적으로 나누고 칭찬을 주고 받는 시간을 가지면 완벽하다. 오프라인에서 만나기 어렵다면 온라인 카페 등을 만들어 얼마든지 함께 훈련할 수 있다.

중요한 것은 누군가가 나를 관찰하고 지켜 보며 칭찬해 준다는 것을 느끼면서 동기 부여를 받는 것이다. 이때 누구도 해당 느낌이나 적용 사항에 대해 토론을 목적으로 비평하거나 이의를 제기해서는 안 된다. 오직 칭찬과 격려만 해 주는 것을 규칙으로 삼아야 한다. 타인의 글에 대한 칭찬과 격려의 행위는 서로의 플러스 사고 습관을 강화하며 시너지 효과를 발휘하게 한다.

4
아침 묵상은 우리를 길들이려는 세상을 향한 무기

〈그림 6〉에서 왼쪽의 화살표는 우리가 받는 자극을 의미하고 오른쪽의 화살표는 받은 자극에 대해 우리가 보이는 반응을 뜻한다. 삶은 이런 자극과 반응의 연속이다. 그런데 이 자극과 반응 모델이 인류의 역사를 속여온 대표적인 '사기'라는 것을 알고 있는가?

이 패러다임이 우리 삶에 깊이 파고들게 된 경위가 있다. 대표적인

● **그림 6** 자극과 반응의 화살표

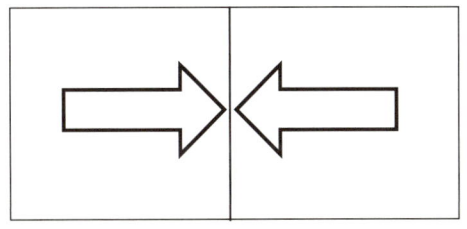

것이 파블로프의 실험이다. 러시아의 생물학자인 파블로프는 유명한 개 실험을 통해 '자극-반응 학습이론'을 발표한다. 생물 시간에 배웠던 파블로프의 실험. 1단계는 개에게 먹이를 주는 것이다. 개는 먹이 냄새를 맡고 침을 흘리면서 음식을 섭취할 준비를 자연스럽게 한다. 2단계는 개에게 먹이를 주는 동시에 종을 울린다. 이 과정을 통해 개의 머릿속에는 '아, 음식이 나올 때는 종이 울리는구나'라는 등식이 성립한다. 일정 기간 이런 학습의 과정을 거치면 마지막 3단계에 도달하게 된다. 음식을 주지 않고 종만 울려도 개는 침을 흘리는 것이다.

'종의 울림과 음식의 공급' 관계를 학습시키는 데 성공함으로써 잘 설계된 특정 자극을 일정기간 반복 입력하면 원하는 반응을 끌어낼 수 있다는 '자극-반응 학습이론'은 이때부터 등장하였다. 그 후 스키너 같은 심리학자들이 점점 더 정교한 방식으로 자극을 설계하고, 마침내 인간을 포함한 모든 생물을 이런 방식으로 충분히 길들일 수 있다고 확신하는 단계에 이르렀다. 이는 진화론적 유물론에 입각한 발상으로 인간이라는 존엄한 존재가 아메바에서 진화되었다는 것을 암묵적으로 전제한 것이며 인간을 단순한 기계적 유기체로 본 것이다. 지배층은 이러한 그릇된 전제에서 시작된 학습이론을 바탕으로 인간을 무차별적으로 길들이려는 시도를 서슴없이 자행한다.

코끼리와 사람 중, 어떤 쪽을 길들이는 것이 더 쉬울까? 강연을 나가 청중들에게 이 퀴즈를 가끔 내곤 한다. 대부분 "코끼리!"하고 외치지만 정답은 사람이다. 사람이 코끼리보다 훨씬 더 길들이기 쉽다. 간단히 증명할 수 있다. 동물원에서 코끼리 귀에다 대고 기분 나쁜 비난을 해 보라.

"넌 어디에 쓰려고 그렇게 귀가 크냐?"

"어쩌자고 이빨은 그렇게 튀어 나왔어?"

"에구. 살찐 것 좀 봐. 끔찍하다 얘. 너 한 2톤 쯤 되지?"

코끼리는 그저 눈만 깜빡거리며 알 수 없다는 표정을 지을 뿐이다.

반면 사람은 어떤가? 인간의 두뇌는 '언어'라는 자극에 대단히 민감하게 반응하기 때문에 동시에 길들이기도 아주 쉬운 것이다.

세상을 지배하는 이들은 자신들의 기득권을 보호하고 유지하기 위해 온갖 방법들을 동원해 대중들을 마비시키고 길들이고 있다. 독일인의 평균 독서량은 연 평균 30권 정도이다. 한국의 두 배가 훨씬 넘는 대단한 독서량이다. 생각해 보자. 1년이 52주인데 전 국민이 평균 연간 30권을 읽는다는 뜻은 평균 2주에 한 권보다 조금 더 읽는다는 뜻이다. 그것도 온 국민이. 그렇게 지적인 독일인들이 과거에 전 세계를 전쟁터로 몰아간 히틀러라는 광인을 어떻게 자신들의 지도자로 순순히 받아들일 수 있었던 것일까. 전 국민이 집단적으로 잠시 정신이 나갔던 것일까? 비밀은 자극-반응 패러다임에 있다.

히틀러의 심복 중에는 괴벨스라는 천재적인 전략가가 있었다. 괴벨스는 이렇게 말했다.

"나에게 한 문장을 달라. 그러면 나는 전 국민을 범죄자로 만들 수 있다."

당시 전후 재건사업으로 국가 경제가 대단히 어려운 상황임에도 불구하고 괴벨스는 독일의 모든 가정에 진공관 라디오 한 대씩을 무상으로 설치해 주는 과감한 정책을 펼친다. 요즘으로 따지자면 대한민국 전 가정에 풀 HD급 3D 스마트 TV 한 대씩을 공짜로 준 것과 다름 없다. 심신이 피폐한 독일인들에게 괴벨스는 좋은 콘텐츠들을 흘려 보낸다. 클래식 음악을 들려주고 좋은 드라마를 만들어 국민들을 위로해 주었다. 그러면서 아주 가끔, 누구도 눈치채지 못하도록 교묘하게 '히틀러야말로 이 시대 최고의 영웅'이라는 암묵적인 메시지를 흘려 보냈다. 아울러 유대인들은 천하의 몹쓸 민족이고 제거해야 할 대상이라는 교묘한 신호를 멈추지 않고 송출했다. 결과는 잘 알고 있는 대로다. 전 독일은 히틀러를 중심으로 일치단결했고 600만 명의 유대인을 학살하는 끔찍한 범죄를 저지르고 말았다.

지금은 어떨까? 괴벨스보다 훨씬 더 뛰어난 수많은 전략가들이 전 세계적으로 인터넷, 스포츠, 드라마, 영화, 예술을 총 망라해 대중들을 온갖 방법으로 길들이고 자신들이 원하는 자극-반응의 범주 안에서 춤추도록 생각을 마비시키고 있다.

생각대로 살지 않으면 사는 대로 생각할 수밖에 없는 세상이다. 그들은 우리가 저항할 수 없는 막대한 자본과 전문가의 섬세한 지식과 솜씨로 이 세상을 화려하게 움직이고 있다. 그렇다면 우리는 과연 어떻게 이 거대한 지배층의 무대 장치에서 벗어나 진정한 내 모습을 찾을 수 있을까? 매일 아침, 처음으로 접하는 텍스트에 유의해야 한다.

정신 없이 휘두르며 우리를 마비시키려는 유혹에 빠지지 않기 위해 새벽의 첫 시간을 떼어 최소 20~30분 정도는 고요한 마음과 고급스러운 언어로 나 자신을 돌아보며 내 생각의 정원을 뿌리 깊은 곳부터 돌보아야 한다.

5

Response + Ability
= Liberty

새벽에 아침 묵상을 통해 훈련하고자 하는 바는 인간의 존엄한 능력인 '생각을 생각하는 힘'을 키우는 것이다.

앞에서 살펴본 대로 자극-반응의 패러다임으로 대중을 길들이려는 기득권층의 논리는 그릇된 전제, 즉 인간이 무생물로부터 우연히 진화된 존재라는 기계론적 인간관이 자리잡고 있다. 그것이 끔찍한 속임수라는 것을 간파해야 한다. 인간은 결코 상황이나 자극에 의해 의도된 반응만을 보이는 것이 아니다. 우리는 자신의 생각과 판단에 따라 반응하고 행동한다. 다음의 이야기를 생각해 보자.

오스트리아 비엔나 출신의 한 유대인 남자가 있었다. 그는 대단히 유능한 신

경정신과 의사였지만 2차대전의 암울한 그림자를 벗어나지 못하고 1942년에 결국 부모와 아내, 형제, 친구들과 함께 아우슈비츠 수용소로 끌려간다. 가족들은 뿔뿔이 흩어졌고 결국 여동생 한 사람 외에는 모두 가스실에서 굶주림과 질병으로 죽었다.

그 정신과 의사 역시 책을 내려고 준비했던 소중한 원고들을 독일군에게 빼앗기고 언제 죽음의 가스실로 끌려가게 될지 모르는 공포를 겪으며 절망 가운데 기진맥진한 상태에 빠지게 된다. 그때 누군가가 세탁된 죄수복을 그에게 건네주었고 그 옷 안에는 작은 종이 쪽지 하나가 들어 있었다.

"진심으로 네 영혼과 힘을 다하여 신을 사랑하라."

쪽지를 보는 순간 그는 무슨 일이 닥치더라도 열심히 살아서 신께서 주신 삶의 목적을 찾아야겠다고 결심하게 된다. 당시, 아우슈비츠에 갇힌 유대인들은 견디기 힘든 중노동을 하면서 제대로 먹지 못하는 것은 물론이거니와 씻을 물은 아예 없고 마실 물조차 얻기 어려운, 소나 돼지보다 훨씬 더 비천한 생활을 했다. 하지만 그는 그 지옥 같은 암울한 환경에서도 인간의 존엄성을 잃지 않고 살기 위해 치열하게 노력했다. 하루에 한 컵씩 배급되는 물을 받으면 절반만 마시고, 나머지는 세수를 위해 아껴두는 생활 습관을 몸에 익혔다. 심지어 깨진 유리조각으로 면도까지 하려고 노력했다. 턱없이 부족한 물로 세수를 하려니 깨끗하게 되지 않는 데다 면도를 하다 유리에 베기도 했지만 인간으로서의 존엄을 지키기 위한 몸 씻기와 면도를 게을리 하지 않았고, 결코 낙담하거나 절망적인 말을 입에 담지 않았다.

대부분의 유대인들이 돼지 우리처럼 지저분한 곳에서 병약해진 몸으로 희망을 잃은 채 동물처럼 살아가고 있었지만, 그 정신과 의사는 인간이기를 포기하지 않고 자신을 갈고 닦으며 희망을 가졌다. 그 덕분에 다른 유대인들보다 건강하고 깨끗해 보여서 죽음의 가스실로 붙들려 가는 것이 계속 연기되었다.

어느 날, 수용소의 강제 노역을 마치고 돌아오는 길에 독일군 병사 하나가 이유 없이 그의 다리를 걸어 넘어뜨렸다. 얼굴에 침을 뱉고 돼지 같은 유대인이라는 모욕을 퍼부으며 군화발로 가슴을 짓밟고 총을 얼굴에 겨누며 위협을 가했다. 죽음의 공포와 수치심이 그를 덮쳐왔다. 바로 그 순간, 그에게 놀라운 일이 벌어졌다. 마치 유체 이탈을 하는 것처럼, 그는 자신의 영혼이 육신을 빠져 나오는 것 같은 느낌을 받았다.

그는 저만치 떨어져서 독일군 병사와 쓰러져 모욕을 당하고 있는 자신의 모습을 관찰했고, 공포에 질린 자신의 눈빛과 험악하게 일그러져 있는 독일병사의 잔인한 표정을 세세히 들여다 보았다.

그는 고통에 일그러진 자기 자신에게 말을 건네기 시작했다.

"이봐 빅터, 너 지금 무척 두렵지?"

"언젠가 반드시 복수하고 말 거야, 그렇게 생각하고 있는 거야?"

"수치심에 사로잡혀 있는 거로군?"

이런 이야기들을 주고 받다가 갑자기 아이디어가 떠오른 그는 자신을 격려하기 시작했다.

"이봐 빅터. 너는 결심한 것이 있잖아? 고결하게 살 것. 인간의 존엄을 결코 잃지 말자고 결심한 것, 잊지 않았겠지? 지금 이자들이 너에게서 모든 것을 다 빼앗더라도 절대로 뺏을 수 없는 단 한 가지. 그건 어떤 상황에서도 그 상황에 마음을 뺏기지 않고 고결함과 존엄을 선택할 수 있는 너의 자유의지야."

여전히 독일 병사는 낄낄거리며 그를 조롱하고 있었지만, 이내 그 정신과 의사는 마음의 고요함을 되찾고 자리에서 일어나 묵묵히 자신의 길을 걸었다. 뜻밖의 상황에 머쓱해진 독일군이 그의 뒤통수에 대고 폭언을 퍼붓지만 그는 조금도 개의치 않았다.

그 정신과 의사의 이름은 빅터 에밀 프랭클 Victor E. Frankle이다. 이 경험을 통해 빅터 프랭클은 한 가지 강렬한 통찰을 얻게 된다. 인간에게는 '생각을 생각하는 놀라운 능력'이 있다는 것을 발견한 것이다. 인간에게는 어떤 상황에서도 온갖 자극들에 대해 자신의 반응을 선택할 수 있는 능력과 자유의지가 있다는 것이다.

자신의 좁고 더러운 방으로 돌아온 빅터 프랭클은 그 후로 '생각을 생각하는 능력'을 연마하기 시작한다. 암울한 현실에 억압되어 있지만 생각만큼은 얼마든지 높은 곳으로 끌어올려 마음껏 자유를 구가할 수 있음을 체험하기 시작한 것이다. 처음에는 아주 작은 범위로 그 자유를 확장했지만, 빅터 프랭클은 훈련을 통해 날마다 그 자유의지를 더욱 더 넓고 깊고 높게 활용할 수 있었다.

마침내 그는 죽음의 수용소에서 그 어떤 독일군 병사들보다, 심지어 장교들보다 더 위대한 영혼의 자유를 누리며 끝까지 살아남아 아우슈비츠에서 해방될 수 있었다. 두려운 상황과 환경에서도 긍정적인 마음의 자세를 잃지 않을 수 있고 자신의 반응을 스스로 선택할 수 있는 자유가 있음을 입증했던 것이다.

아침마다 이뤄지는 묵상 훈련을 통해 우리는 가상의 자극에 대해 텍스트로 반응을 선택하는 연습을 꾸준히 반복할 수 있다. 이로써 일상의 삶에서 시시각각 다가오는 어떠한 자극에 대해서도 반응을 선택하고 조절하는 능력을 습관으로 만들 수 있다.

욕조에 초록색 잉크 한 방울을 떨어뜨리면 처음에는 아무도 그 변화를 느끼지 못한다. 그러나 1분 간격으로 한 방울씩 꾸준히 초록 잉크를 떨어뜨리다 보면 언젠가 누구라도 알아차릴 수 있을 정도로 욕조의 물은 초록색으로 변한다. 비록 욕조에 떨어뜨린 초록 잉크가 전체 물의 0.1%도 안 된다 할지라도 전체 물의 색이 초록으로 보이는 순간이 오는 것처럼 우리의 거대한 생각 영역에 한 방울씩 긍정의 텍스트를 입력하고 반응을 선택하는 훈련을 하게 되면 어느 순간 우리의 사고계 전체가 긍정의 초록으로 변하는 놀라운 경험을 할 수 있을 것이다.

사람들은 자유Liberty를 제대로 정의하지 못해 혼란스러워 한다. 대개 우리는 속박에서 벗어나 마음껏 내 마음대로 무언가를 누릴 수 있는 상태를 자유로 착각한다. 즉, 자신에게 상당량의 돈과 시간이 있고 누구에게도 얽매이지 않는 환경이 조성되어 그 돈과 시간과 상황의 바탕 위에서 하고 싶은 일, 누리고 싶은 것들을 마음껏 누리고 맛보는 것이 진정한 자유라고 생각하는 것이다. 그러나 이는 크게 잘못된 생각이다.

진정한 자유가 만약 그런 것이라면 왜 유럽의 부유한 국가 사람들의 자살률이 세계 최고치를 향해 갈까? 왜 연예인들이 쉽게 자신의 목숨을 포기할까? 자유란 무엇을 엄청나게 많이 획득하고 쌓은 후에 쟁취하는 것이 아니다. 자유는 어떤 상황 가운데서도, 상황의 파도가 아무리 쓰나미처럼 거대하게 몰려온다 할지라도 그 어떤 자극에도 휘둘리지 않고 흔들림 없이 자신의 반응을 스스로 선택할 수 있는 능력이 주어질 때 비로소 얻을 수 있는 내면의 상태이다.

6
이타주의의 역설적 힘

플러스 사고를 습관화하고 극대화하기 위해서는 개인주의를 극복해야 한다. 갈수록 치열해지는 경쟁사회에서 사람들이 점점 이기적으로 변하면서 개인주의가 만연하고 있다. 하지만 이런 시류에 휩쓸리지 않고 공동체 의식과 이타적 마인드가 충실한 사람들이 더욱 플러스 사고 능력을 키워갈 수 있음을 알아야 한다.

지금은 사라졌지만 서울 인사동에는 1970년대 교실을 연상시키는 분위기의 카페가 있었다. 나무 책상과 삐걱대는 의자가 있고, 벽에 흑판이 걸려있고, 골동품 난로 위에는 주전자가 올려져 있었다. 주번 완장을 차고 양철 도시락에 음식을 나르는 웨이터의 모습도 보였다. 그런데 이 교실의 맨 앞에는 이상한 급훈이 걸려있었다.

공부해서 남 주자

흔히 공부를 잘 하지 않고 빈둥거리는 아이들에게 면박을 주며 하는 말이 "공부해서 남 주냐?"인데 이런 말은 아이들에게 별로 도움이 되지 않는다. 은연 중에 부모의 이기적인 내면이 노출되는 말이기 때문이다. 네가 공부하는 목적은 오직 너 자신의 출세와 장래의 이익을 보장하기 위한 것이라고 말함으로써 이기적인 동기를 부추기기 때문이다.

그런데 '공부해서 남 주자'라는 문장은 얼핏 생각하기에는 손해 보는 장사인 것 같지만, 실제로는 그 안에 한 개인의 생산성을 가장 강력하게 보장해 줄 수 있는 원리가 있다.

우리가 플러스 사고를 갖기 위해 훈련하는 이유는 나와 내 가정, 내 직장, 내 사업, 내 나라, 내 민족으로 국한된 지엽적이고 폭 좁은 사고계에 머물기 위해서가 아니다. 전 세계를 내 영혼에 품을 수 있는 공동체 의식의 극대화를 목표로 하는 것이다.

《뇌내 혁명》이라는 책을 보면, '뇌내 모르핀'에 대한 흥미로운 설명이 있다. 인간이 이타심을 갖고 자신이 아닌 남을 위해 (공동체 정신을 갖고) 베푸는 삶을 실천할 때, 마약보다 5배 강렬한 뇌내 모르핀이 분비된다는 것이다.

필자가 이 책에서 말하는 플러스 사고도 바로 이런 힘을 내게 한다.

개인적이고 이기적인 동기로 무장한 성공학이 아니라, 전 세계를 이웃으로 생각하는 공동체 정신과 끝없는 이타심으로 낮은 곳을 바라볼 줄 아는 진정한 사랑의 실천법이 되었으면 한다. 이것이 바로 주는 자와 받는 자 모두를 강하게 만드는 가장 빠르고 아름다운 길이기 때문이다.

습관 3. 효율적 시간 관리

목표 중심의
인생관리 능력 함양

장애물이란 당신이 목표 지점에서 눈을 돌릴 때 나타나는 것이다.
당신이 목표에 눈을 고정시키고 있다면 장애물은 보이지 않는다.
―헨리 포드

1
인생의 비행기는
지금 어디로 날고 있는가?

하워드 헨드릭스Howard Hendricks라는 철학자는 비행기 기내 방송 비유로 뚜렷한 인생목표의 수립이 효율적인 시간 관리의 가장 중요한 조건임을 설명했다.

비행기 여행을 하다 보면 이륙 몇 분 후에 안정된 고도를 잡은 다음 기장이 좌석 벨트를 풀어도 좋다는 사실을 알리면서 이런 방송을 한다.

"승객 여러분, 안녕하십니까? 저는 인천 공항으로부터 뉴욕의 J.F.K공항까지 여러분을 모시고 갈 NW980편의 기장 James Steward입니다. 현재 이 비행기는 시속 850킬로미터로 2만 5천 피트 상공을 비행하고 있습니다. 현지 뉴욕의 날씨는 맑은 것으로 전해지고 있습니다. 비행 시간은 약 15시간 30분 정도가 소요될 것 같습니다. 모쪼록 즐거운 여행이 되시기를 바랍니다."

그런데 만일 여러분이 이탈리아 로마로 출장을 가기 위해 비행기에 탑승했는데 기장이 다음과 같은 방송을 했다고 가정해 보자. 어떤 느낌이 드는가?

"승객 여러분 안녕하십니까? 저는 KL019편의 기장 James Unknown 입니다. 현재 이 비행기는 시속 900킬로미터로 2만 5천 피트 상공을 서쪽으로 비행하고 있습니다. (잠시 머뭇거리다가) 에… 기장석에서 보면 비교적 전방의 시계가 맑은 편입니다. 이 비행기를 잘 조종하다가 여러분이 가장 좋아하실 만한 곳, 즉 산 좋고 물 맑으며 수려한 경관이 있는 곳을 발견하게 되면 인근 공항에 안전하게 비행기를 착륙시켜 드리도록 하겠습니다. 그곳의 날씨는 현재 상태로서는 무어라 말씀 드리기 어렵군요. 비행 시간 역시 아직 얼마나 소요될지 모릅니다. 다만, 충분한 연료가 준비되어 있으니 틀림없이 좋은 곳을 찾을 수 있을 것입니다. 모쪼록 즐거운 여행이 되시기를 바랍니다."

실제로 이런 방송이 나올 리는 만무하지만 이 예화가 던지는 날카로운 질문을 여러분도 이미 파악했을 것이다. 몇 시간의 비행기 여행에도 분명한 목적지와 속도, 고도, 예상 시간이 필요한데(심지어 요즘은 네비게이션이 좌석마다 달려 있어 언제든 자신의 비행 위치를 파악할 수 있다), 하물며 인생의 비행기를 조종할 때는 어떠하겠는가? 혹시 인생 비행을 하는데 뚜렷한 목적지 설정과 체계적인 시간 관리 없이 고도와 속도에만 신경을 쓰면서 살아가고 있는 것은 아닐까?

아무리 능력이 있는 궁사라도 표적이 잘 보이지 않거나 너무 멀거나 심지어 아예 표적이 없다면, 자신의 능력을 결코 발휘할 수 없다. 적절한 거리에 분명한 표적이 있을 때 개인의 능력은 훨씬 더 잘 발휘될 수 있는 법이다.

2
시간 관리의 비결은
큰 그림을 먼저 그리는 것

　　탁월한 시간 관리 습관을 기르기 위해서는 반드시 해결해야 할 전제 조건이 있다. 앞서 이야기한 인생이라는 비행기의 착륙 지점을 정확하게 이해하고 인생 전체를 크게 조망한 다음에 부분을 보는 능력을 기르는 것이다. 장기적인 관점에서 인생의 목표를 확립한 후 단기적 시간을 관리하는 것이 탁월한 시간 관리 습관의 핵심이다. 이런 일관성이 부족하면 매일 바쁘게 효율적으로 살아가는 것 같지만 실제로 어느 순간 돌아보면 무엇을 위해 이렇게 바쁘게 살아왔는지 후회하는 딜레마에 빠지게 된다.

　　그런데 자신의 인생에 대한 큰 그림을 그리는 것은 결코 만만한 일이 아니다. 왜냐하면 대부분의 사람들은 진정으로 자신이 원하는 것이 무엇인지를 잘 깨닫지 못하기 때문이다. 혹 원하는 것을 파악하고 있다 할지라도 자신에게는 그러한 것을 이룰 능력이 없다고 마이너스적 사고를 하기 때문에 큰 그림을 그릴 엄두를 내지 못한다.

이 책에서 제시하는 7가지 습관의 각 항목들이 서로 시너지를 발휘하며 동기(M)의 수준을 높인다는 것(P = MCH²)의 구체적인 의미가 바로 이런 것이다. 사람들이 인생의 뚜렷한 목표를 수립하면 시간을 훨씬 더 잘 관리하고 효과적인 나날을 보낼 수 있음에도 그렇게 하지 못하는 것은 습관 2에서 제시했던 것처럼 아침 묵상을 통해 '플러스 사고' 능력을 형성하지 않았기 때문이다. 그러므로 7개의 습관 항목은 부분적으로 접근하면 생각만큼 성과를 거둘 수 없다. 자신의 부족한 부분을 잘 메우는 방식으로 종합적으로 훈련해야 최대의 성과를 얻을 수 있음을 다시 기억하자.

비전의 힘

인생의 큰 그림을 그리는 것은 개인의 비전을 수립하는 것이다. 그렇다면 비전이란 구체적으로 무엇인가? 경영학자인 짐 콜린스Jim Collins와 제리 포라스Jerry Porras는 자칫 추상적으로만 생각할 수 있는 비전이라는 용어를 아래 그림과 같이 잘 정리해 두었다.

● 그림 7 비전의 요소

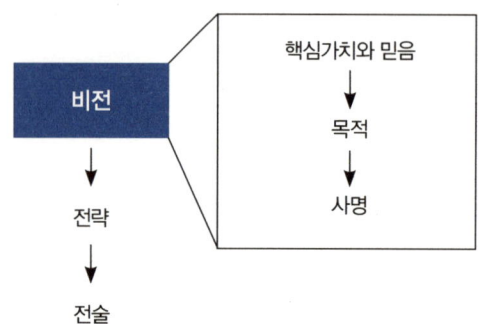

〈그림 7〉은 비전을 먼저 수립한 이후, 그 비전을 토대로 전략과 전술이 구체적으로 실행되어야 함을 설명하고 있다. 비전은 '핵심가치와 믿음', '목적', '사명'의 세 가지 요소로 구성되는데 이는 개인이나 조직모두에게 적용할 수 있다.

구체적으로 이 세 가지 요소들을 살펴보기 전에 비전이 갖는 힘에 대해 먼저 알아보도록 하자. 비전을 수립하면 다음의 세 가지 좋은 점이 있다.

첫째, 비전은 특별한 노력을 불러 일으킨다

사람들은 누구나 동기부여를 받으면 특별한 노력을 기울인다. 우리는 보편적으로 세 가지로부터 동기부여를 받는데, 첫째는 공포, 둘째는 이익, 셋째는 소명(사랑)이다.

공포나 이익으로 촉발된 노력은 결국 한계에 부딪히기 마련이다. 하지만 확실한 비전은 우리 마음에 뜨거운 열정과 사랑을 일으키고 그 힘으로 우리를 앞으로 나아가게 만든다. 초창기 애플 컴퓨터 직원들은 주당 80시간씩 일했다. 어떻게 이런 일이 가능했을까? 세상을 바꾸는 컴퓨터를 만들고 있다는 비전이 그들을 그렇게 몰입하게 한 것이다. 진정한 비전은 사람을 강력하게 앞으로 나가도록 만드는 힘이 있다.

둘째, 비전은 스스로 전략·전술을 결정하게 한다

나침반을 주고 목적지를 정해주면 누구나 정확하게 목적지를 찾아갈 수 있다. 장애물을 만날 수도 있고 우회할 수도 있으나 결국은 목적지를 찾아 내기 마련이다. 이때의 관건은 목적지에 대한 지식과 나침반이라는 도구다.

'앞으로 5~10년 후에 어떤 모습이 되어 있을까' 하는 질문은 매우 중요하다. 우리가 정해야 하는 목적지는 전략이 아니라 비전이다. 전략은 목적지에 도달하는 가장 효율적인 수단이므로 목적지가 선명하지 못하면 효과적인 전략 수립이 불가능하다.

셋째, 많은 사람이 참여할 수 있게 한다

미국은 어떻게 독재자 없이 탁월한 국가로 발전했을까? 조지 워싱턴George Washington, 토마스 제퍼슨Thomas Jefferson, 존 아담스John Adams 등은 자신들에게 의존하는 국가를 만들지 않았다. 대신 자신들이 죽은 뒤에도 오랫동안 국가를 지도할 기본 원칙 즉, 비전을 수립해 국가 전체를 하나로 묶는 접착제가 되도록 하였다. 개인의 삶에서도 비전은 삶의 전 포괄적인 영역들을 하나로 묶어주는 커다란 힘을 발휘한다.

4
비전의
세 가지 핵심 요소

이제 구체적으로 비전을 구성하고 있는 세 가지 요소들의 의미를 살펴보고 삶에 직접 적용해 보도록 하자.

첫째, 핵심가치와 믿음

이는 조직이나 개인의 원칙 혹은 신념 체계를 의미한다. 즉 운영 철학이 되는 셈이다. 개인의 비전을 수립할 때 가장 기초가 되는 것은 핵심가치와 믿음이다. 하이럼 스미스Hyrum Smith는 《10가지 자연법칙》이라는 책에서 이 핵심가치를 'I자 형 빔 건너기'의 예를 들어 쉽게 설명한다.

지금은 사라졌지만 뉴욕의 국제무역센터의 쌍둥이 빌딩 옥상의 두 지점에 I

자 형의 철근 빔을 걸쳐 놓는다고 가정해 보자. 바람도 거칠게 불고 있다. 그런데 나는 옥상 이쪽 편에 있고, 저 편에서 감독관이 이렇게 제시한다.

"자! 1억 원을 드릴 테니, 이곳으로 건너오세요!"

당신 같으면 건널 수 있겠는가? 그런데 만일 건너편의 감독관이 이렇게 제시한다고 생각해 보자.

"자! 만약 당신이 이곳으로 건너오지 못하면, 당신 가족들은 테러범들에게 모두 1시간 이내로 처형당할 것입니다."

이 말은 들은 직후 1억 원과는 비교할 수 없는 사명감이 생기게 될 것이다. 가족이라는 가치는 당신의 신념 체계에서 1억 원의 물질보다 훨씬 더 높은 우선순위에 있기 때문이다. 굳이 철제 I자 빔을 건너는 상상을 하지 않더라도, 내 삶에서 가장 중요한 것이 무엇인가에 대해 스스로 질문하고 답하는 과정에서 자기 삶의 핵심가치와 믿음을 뽑아낼 수 있다.

둘째, 목적

목적은 조직과 개인이 이 땅에 존재해야 하는 마땅한 실존의 이유에 해당한다. 당연히 핵심가치와 믿음으로부터 파생되어야 하며 영원히 도달할 수 없는 별처럼 뚜렷하고 선명한 개념이어야 한다. 별은 우리에게 분명한 방향을 제시해 주지만 손으로 붙잡을 수는 없다. 마찬가지로 목적은 우리 삶에 분명한 방향과 동기를 부여하지만, 구체적으로 달성하여 손으로 붙잡을 수는 없는 것이어야 한다. 적어도 100년 이상은 바뀌지 않을 만한 그런 과감하고 가슴 벅찬 것들로 삶의 목적을 수립하자. 또한 한 두 문장으로 간략하게 요약할 수 있는 것이 좋다.

최근 필자가 설립한 〈한국인문고전 독서포럼〉의 경우 아래와 같은 목적 선언문을 작성했다.

우리는 인문고전 독서의 저변 확대 및 루트 앤 윙 인스티튜트의 지속적인 확산을 통해 세상을 근본적으로 변화시키기 위해 존재합니다.

셋째, 사명

사명은 목적을 이루기 위해 무엇에 주안점을 둘 것인가 하는 구체적이고 명료하면서도 거역할 수 없는 일반적인 과업이다. 5년 또는 10년을 주기로 하거나 하나의 사명이 달성되면 즉시 다음 사명이 제시될 수 있도록 짜여 있어야 한다.

사명은 그 자체로 의욕을 돋우는 거대하고 대담한 목적이어야 한다. 목적이 결코 도달할 수 없는 별과 같은 것이라면, 사명은 반드시 성취해야 하는 구체적인 것이면서 산뜻, 명확, 대담, 유쾌, 마음을 사로잡는 것이어야 한다. 미국 역사상 가장 유명한 케네디 대통령의 사명을 살펴보자.

1961년 케네디는 다음과 같이 발표했다.

"우리 미국은 10년 내 달에 착륙하여 탐사한 후 지구로 무사히 귀환할 수 있도록 최선을 다해야 합니다."

사명은 반드시 정해진 기간 내에 성취해야 한다. 달 착륙 프로젝트는 이 측면을 가장 잘 보여주는 사례다. 케네디는 1961년에 이 프로젝트를 발표하고 1969년에 결국 이루어냈다. 사명은 이처럼 흥분되고 거대하며 의욕을 돋우는 한편, 대담하지만 성취 가능하고 최종점이 명확하며 기한이 정해져 있어야 한다.

⑤ 100개의 드림 리스트 작성하기

앞에서 제시한 짐 콜린스와 제리 포라스의 비전 프레임을 개인의 삶에 적용하기는 그리 쉽지 않다. 오히려 개인의 비전을 수립하는데 더 도움이 되고 효과적인 스킬은 100개의 드림 리스트를 작성하는 것이다. 앞에서 제시한 핵심가치와 믿음, 목적, 사명 세 가지의 비전 구성요소를 충분히 이해한 다음에 100가지의 꿈의 목록을 생각나는 대로 구체적으로 작성해 보아라. 다음의 〈표 1〉은 30대의 한 젊은 의사가 작성한 드림 리스트이다.

100개의 드림 리스트를 작성할 때 가장 중요한 것은 100칸을 모두 채우는 것이다. 하루에 다 채울 수도 있지만 며칠에 걸쳐서 작업해도 무방하다. 일단 한 번 작성하면, 그 다음에는 수정이나 업데이트를 하면서 점진적으로 드림 리스트의 완성도를 높여 나가도록 한다. 100개

● 표 1 드림 리스트 예시

번호	꿈의 목록	카테고리
1	내 소유의 저택 구입하기(10억 이상)	소유
2	40대까지 내 이름으로 된 책 출판하기(2권 이상)	행위
3	1년에 1개국 이상 해외 여행하기	행위
4	부모님께 매주 한 번 이상 전화 드리기	행위
5	대학원 진학하고 학위 취득하기(10년 내)	행위
6	50대 이후 2년 이상 해외에서 봉사활동하기	행위
7	1년에 10편 이상의 전통 문화 예술 공연관람하기	행위
8	늘 얼굴에 미소가 떠나지 않는 삶	존재
9	가족들에게 존경을 받는 삶	존재
10	항상 유머로 사람들에게 편안함을 주는 삶	존재
11	최고급 수준의 오디오 장만하기	소유
12	BMW Z4 구입하기(7년 내)	소유
13	히말라야 탐사하기	행위
14	난초 기르는 법 배우고 10년 내 전문가 수준으로 올리기	행위
15	초급 비행기 조종술 배우기(5년 내)	행위
16	한달에 10권 이상 독서하고 내용 정리하기	행위
17	1주일에 한 번 이상 서점에 들러 정보 파악하기	행위
18	10명 이상의 저자들과 친분 관계 유지하기	행위
19	글쓰기 관련 각종 세미나와 훈련 섭렵하기	행위
20	인도여행 3년 내에 꼭 해보기	행위
⋮	⋮	⋮

의 목표를 자유롭게 써보면, 나 자신이 진정으로 원하는 삶이 무엇인지를 조금 알 수 있다.

대다수 사람들은 아직 이런 작업을 한 번도 해 본 경험이 없기 때문에 처음에는 100가지를 생각해내는 것부터 부담스러워 한다. 하지만 무조건 100칸을 채우는 것이 중요하다. 조금 익숙해진 후에는 삶에서 내가 추구하는 가치에 부합하는 것을 잘 추려 가장 소중한 것 100가지 만을 작성한다. 쇼핑 할 때 준비 없이 카트를 끌고 다니면 이것 저것 주워 담게 된다. 그러나 지혜로운 소비자는 미리 쇼핑 리스트를 작성해서 효율적이고도 필요한 것들을 빠지지 않고 구입하며 충동구매의 위험도 예방한다. 100개의 드림 리스트를 작성하는 일은 인생의 쇼핑 리스트를 작성하는 것과 마찬가지다.

이 작업을 통해 핵심가치와 믿음, 목적, 사명을 구체적으로 발견할 수 있는 기회도 얻을 수 있다. GE의 잭 웰치Jack Welch 전임 회장은 리더십의 비결을 묻는 기자들의 질문에 이렇게 대답했다.

"GE의 전 직원은 내가 앞으로 어떻게 나갈지를 알고, GE가 어떻게 나갈지를 잘 알고 있습니다. 이것이 저의 리더십의 비결입니다."

비전은 전 조직의 목표와 목적지를 한 방향으로 정해 준다. 그러므로 모두가 공유하는 비전은 급변하는 기업 환경에서 모든 임직원의 손에 나침반을 쥐여 주는 것과도 같다. 모든 상황에서 직원들에게 방향을 가르쳐 줄 필요가 없이 나침반만 쥐여 주면 온갖 상황에서 자신들이 나아가야 할 바를 잘 찾아서 앞으로 헤쳐 나갈 수 있다. 물고기를 잡아주는 것보다 물고기를 잡는 방법을 알려주는 것이 효율적인 것처럼 동일한 비전을 품도록 할 수만 있다면 애써서 이래라 저래라 교육하지 않아도 한 방향으로 저절로 움직이게 될 것이다. 개인의 삶도 마찬가지다.

뚜렷한 비전을 수립하고 매일의 삶에 그것을 내재화하는 것, 그래서 삶의 모든 방향이 자석처럼 자신의 꿈을 향해 움직이도록 만드는 것이 성공으로 가는 지름길이다. 그래서 꿈을 꾸는 것보다 더 중요한 것은 자신의 꿈과 비전을 문서화하여 언어계로 끌어 내는 것이다. 꿈을 단순히 머리로만 생각하면 내재화하기 어렵지만 문서화된 꿈에는 뚜렷한 각인 효과가 있어 내재화 과정을 보다 강력하게 이루어준다.

영국 한 빈민가의 허름한 아파트. 쥐가 들끓고 난방조차 되지 않는 좁은 방 안에서 한 이혼녀가 자신의 꿈을 종이에 옮기고 있었다. 멋지고 우아한 그런 꿈이 아니었다. 어린 시절부터 마음 속에 품고 있던 재미있는 동화를 조금씩 발전시키기 시작한 것이다. 배고파서 울다가 지친 어린 딸에게는 참으로 미안한 마음이 들었다. 못난 부모 만나서 이 고생을 하다니. 그녀의 원고지는 눈물로 얼룩졌지만 그 고통만큼 쓰고 있던 소설은 완벽해지고 있었다.
이 이혼녀가 바로 조앤 캐슬린 롤링이고 그녀의 소설은 200개국에서 55개 언어로 출판돼 2억 부가 팔린 《해리포터》 시리즈이다. 그녀는 출판과 영화 흥행에 힘입어 4,800만 파운드인 약 930억 원을 벌어들였다고 한다.

어린 딸의 우유를 살 돈조차 없어 맹물을 먹여야 했던 조앤. 전 세계를 열광의 도가니에 빠지게 한 《해리포터》 시리즈는 단순히 행운으

로 만들어진 것이 아니었다. 꿈. 그것은 그녀의 꿈이었다. 그녀는 꿈을 머릿속 생각에서 끄집어내기 시작했다. 꿈은 가난 속에서도 그녀를 평화롭게 지켜주었고 그 가난에서 벗어나게 해주었다. 우리가 스스로를 무기력하다고 느끼는 이유는 가슴 속에 자신의 삶을 꿈틀거리며 움직이게 할 강력한 비전이 결여되어 있기 때문이다.

5년 후, 10년 후를 생각하면 도저히 가만히 있지 못할, 참지 못할 가슴 설레는 비전을 발견하라. 어떻게 발견할 것인가? 그런 사람들이 많은 곳을 먼저 찾아라. 가슴 두근거리는 비전을 가진 사람들이 주변에 많이 있으면 나 자신도 그런 사람이 될 가능성이 매우 높아진다.

⑥ 인생의 설계도를 작성하는 구체적인 방법

1단계. 세 가지 질문에 답하기

질문의 힘은 놀랍다. 무언가의 실마리를 찾지 못하고 헤맬 때, 정곡을 찌르는 질문을 던져 주기만 하면 우리의 내면에 탑재된 선천적인 능력이 문제의 해답을 순식간에 찾아주는 경우가 생각보다 많다. 내 인생의 설계도를 어떻게 작성해야 할지 막연해서 고민될 때, 강력한 위력을 발휘하는 다음의 3가지 질문은 도움이 될 것이다.

각각의 질문을 충분한 시간과 깊은 묵상을 통해 하나씩 기록하고 정리하며 작성해 보자. 반드시 기록의 과정을 거쳐야 한다. 단지 머릿속으로만 정리해 두는 것은 별 도움이 되지 않는다.

질문 1) 내가 진정으로 소유하고 싶은 것들은 무엇인가?

만일 알라딘 램프 속의 거인 지니가 불쑥 나타나 여러분에게 소원을 말해보라고 한다면 당신은 무엇을 이야기하겠는가? 첫 번째 질문은 대단히 세속적인 질문처럼 들릴지 모르지만, 2번과 3번 질문으로 발전해 나가기 위해 중요한 첫 단추이다. 망설이거나 저속하다고 생각하지 말고 실제로 내가 가장 간절하게 갖고 싶어하는 것들을 하나씩 적어 내려가 보자. 단, 현재 나에게는 무한대의 돈과 무한대의 인적 자원이 있다고 가상해야 한다. 즉, 아무런 제약이 없다고 가정했을 때 나는 과연 무엇을 선택할 것인지를 적는 것이다.

주의할 점은 비가시적인 것 말고 실제로 소유가 가능한 물질적인 것들의 목록을 작성해야 한다는 것이다. 최대한 많이 적어라. 그리고 맨 마지막에 이 목록들 중 내가 진정으로 원하는 것들을 10개로 압축하고, 그 중에서 가장 중요한 것을 5개로 줄이고, 최종적으로 5개를 3개로 압축하라. 이 과정을 통해 내가 진정으로 소중하게 생각하는 것이 무엇인지를 조금씩 알아갈 수 있다.

질문 2) 내가 진정으로 하고 싶은 활동들은 무엇인가?

이 질문 역시 무한대의 재정과 무한대의 가용 자원을 전제로 했을 때 나는 과연 어떤 활동을 하면서 살아가고 싶은가를 기록하는 것이다. 돈을 모으기 위한 노력은 필요 없을 테니, 가장 보람되면서 흥미가 고갈되지 않고 지속적으로 추구할 수 있는 활동들의 목록을 작성해야 한다. 과거의 쓴 경험이 당신의 생각을 얽어 매려 하겠지만 그것을 깨뜨리는 용기가 필요하다. 1번 질문과 같은 방법으로 최대한 많이 기록한 후에 10개에서 최종 3개로 압축하는 과정을 반복한다.

질문 3) 내가 이루고 싶은 내면의 목표는 무엇인가?

이 질문은 가장 어려우면서도 중요한 질문이다. 임종을 앞둔 시점에 자신이 좀더 많이 일하지 못한 것과 좀더 많이 소유하지 못한 것을 후회하는 사람은 거의 없다. 인생에서 가장 소중한 것은 나의 내면이 사람들과의 관계에서 어떤 열매를 맺는가이다. 이 질문에 효과적으로 답변하기 위해서는 다음과 같이 상상해 볼 것을 권한다. 내가 죽은 후에, 사람들이 나에 대해서 어떻게 칭찬해 주기를 바라는가를 솔직하게 생각하는 것이다. 그 이후에 목록들을 적어라.

1단계의 3개 질문을 핵심 축으로 나의 생각들을 진솔하게 적어 내려가면 '내가 진정으로 원하는 것'을 조금씩 발견할 수 있다. 한 가지 덧붙이고 싶은 것은 이상의 목록들은 정기적으로 버전 업 되어야 한다는 것이다. 단 한 번의 영감으로 자신을 철저히 해부하고 파악하기란 불가능하다. 자신의 안목과 관점은 발전할 것이고 독서와 자기계발, 인맥 등으로 자신 역시 고차원적인 방향으로 발전해 나갈 것이므로 정기적으로 진단하고 추가하거나 수정해야 한다.

2단계. 내 인생의 정의(定意)를 3줄로 압축하여 기록하기

3가지 질문의 힘으로 자신이 진정으로 원하는 삶을 깨달은 후에는 이를 통해 이루고 싶은 인생의 목표를 한두 문장으로 압축해라. 코카콜라 사장이 신년 연설에서 '내 혈관에는 코카콜라가 흐른다'라는 표현을 해서 충격을 준 적이 있었다. 바로 그와 같은 확신과 열정으로 자신의 삶에 대해 확고부동한 정의(definition)를 내릴 수 있어야 한다. 이와 같은 인생의 정의는 삶의 나침반 역할을 해주므로 인생의 바다에 풍랑이 일고 거센 바람이 몰려와도 결코 움직이지 않는 등대처럼 우리를 인도해 줄 것이다. 자나깨나 언제든지 툭 하면 암송할 수 있을 정도로 확고하게 정립된 당신만의 인생 문장을 만들어라.

3단계. 10년 단위의 인생 로드맵(Roadmap) 작성하기

3대 질문에 근거한 소망 목록을 작성하고 이를 토대로 인생의 정의까지 내렸다면 그것을 실현하기 위한 구체적인 전략을 수립해야 한다. 아무리 원대한 목표라도 세분화하지 않으면 추상적이고 공허한 꿈에 불과하다. 우리가 어떤 멋진 꿈을 꾼다고 해서 그 꿈이 저절로 이루어지지 않는다. 꿈을 꾸는 사람과 꿈을 이루는 사람은 전혀 다르다. 꿈을 이루는 사람은 날마다 자신의 동기(M)와 능력(C), 그리고 습관(H)을 지속적으로 계발하고 발전시켜 나가기 위해 몸부림친다.

자동차의 왕 헨리 포드는 이렇게 말했다.

"아무리 원대한 목표라도 그것을 부분으로 쪼개고 또 쪼개어 세분화하면 반드시 이루어낼 수 있다."

즉, 우리에게 주어진 능력과 시간의 범위 내에서 꿈의 덩어리를 쪼개고 또 쪼개는 세분화 작업은 꿈을 이루기 위한 필수 과정이다. 세부 전략은 매우 다양한 방법으로 세울 수 있는데 단순하면서도 효과적인 하나의 모델을 제시하고자 한다. 〈표 2〉에 3대 질문의 답과 자신의 인생 정의를 기입하고 10년 단위로 이것들을 이루어 내기 위한 세부 계획을 적는 것이다. 이미 50대나 60대에 도달하신 분이라면 표의 첫 칸을 50대로 고치고 90대까지를 새로 적으면 된다. 각 칸은 인생이 유한함을 극명하게 보여준다. 계획한 인생의 목표를 성취하는 데 남은 시간을 한 눈에 볼 수 있고 영원히 삶이 지속되지 않음을 직시하도록 한다. 끝을 먼저 보고 차근차근 앞으로 돌아오게 해 현재 내가 무엇에 먼저 집중해야 하는지를 깨닫도록 하는 것이다.

다음의 양식을 가지고 내 자신의 인생 설계도를 그려보자. 작성한 100가지 드림 리스트에서 기록한 내용들을 토대로 3가지 질문과 인생의 정의를 추출해 보도록 한다.

● 표 2 인생 설계도

소유하고 싶은 것들	진정으로 하고 싶은 일들	내면의 목표

내 인생의 정의						
20대에 이룰 것들	30대에 이룰 것들	40대에 이룰 것들	50대에 이룰 것들	60대에 이룰 것들	70대에 이룰 것들

⑦ 인생 설계도의 위력

나는 30대 중반에 인생의 계획표 초안을 작성했다. 누구나 이 작업을 통해 흥미진진한 경험을 하는데 내 경우에는 그 정도가 유별났다. 결코 쉽지 않은 이 작업을 시작하려는 분들에게 조금이나마 도움이 되었으면 하는 마음으로 내 경험을 이야기하고자 한다.

"조 실장. 이제 나는 중국으로 떠나네. 자네가 수고 좀 해줘야겠어."
M 박사는 통장과 도장을 나에게 건넸다. 1996년의 어느 날이었다. 내가 기획실장으로 일하던 H교육학술연구원의 대표 M 박사는 중국의 어느 대학으로부터 부총장 제안을 받고 당분간 한국을 떠나게 된 것이다. 그는 사재를 털어 어렵게 만든 통장을 나에게 전하며 비장한 표정으로 손을 맞잡았다. 하늘이 무너지는 것 같았다.

연구소에는 입시 위주의 한국 교육을 변화시켜 보자는 그의 리더십과 비전에 끌려 동참한 젊은이들이 열댓 명 있었다. 패기 넘치는 청년들이었다. 순식간에 그들의 삶을 내가 책임져야 하는 상황이 된 것이다. 인건비와 운영비를 생각하면 손에 쥔 통장으로는 몇 달 버티지 못할 처지였다. 현재 개발하고 있는 자료들을 부지런히 상품화해서 매출을 올리지 않으면 조직 자체가 공중 분해될 위기 상황이었다.

리더가 자리를 비우자 연구원들은 흔들리기 시작했다. 경험과 능력에서 M 박사와 전혀 비교가 되지 않는 내가 조직의 성과를 낸다는 것은 불가능한 일이었다. 통장의 돈은 나날이 줄었고 심신은 피폐해지기 시작했다.

 그렇게 몇 달을 힘겹게 보내고 여름 방학이 되자 M 박사가 한국에 잠시 들렀다. 밝고 긍정적이며 에너지가 흘러 넘치는 박사를 만난 직원들의 표정이 밝게 변했다. 이 때 직원들은 M 박사로부터 중요한 과제를 받았다. 다음 학기가 끝날 때까지 A4 용지 한 장 분량으로 자신의 인생 고공표高空表를 작성해 제출하라는 것이다. 다시 말하면 인생의 설계도를 한 번 그려보라는 과제였던 것이다. 마음 속에 작은 원망이 싹텄다. 적자를 향해 침몰해 가는 연구소의 재정 상황을 타개할 돌파구를 찾는 것이 무엇보다 급했던 나에게 인생 고공표는 한가한 탁상공론으로 들렸기 때문이었다. M 박사에게 연구소의 흥망은 관심에서 벗어난 것처럼 보였다.

연구소 상황은 더욱 나빠져 급기야 나를 비롯한 몇몇 리더들은 제 날짜에 월급을 못 받는 일이 일상이 되었다. 젖 먹던 힘까지 짜내 애써봤지만 모두들 하루하루 지쳐갔다. 나 역시 퇴근하여 집에 들어오면 생활비를 제때 갖다 주지 못한 미안한 마음에 늘 한쪽 구석에 쭈그리고 있을 때가 많았다. 아침에 일어나는 것도 무척 힘들었다. 출근 시간이 점점 늦어져 마침내 8시 50분쯤 되어야 겨우 몸을 일으키고 대충 얼굴에 물만 묻힌 채 5분 거리에 있는 사무실에 헐레벌떡 나가곤 했다. 지각도 밥 먹듯 했다. 연구소는 마치 시한부 환자처럼 활력을 잃었고 침체의 그늘이 모두를 무겁게 짓누르고 있었다.

쌀쌀한 바람이 부는 초겨울, 11월의 어느 새벽. 무서운 악몽으로 식은 땀을 흘리다가 잠에서 깨어났다. 겨우 새벽 3시. 거실로 나가 TV를 켰지만 케이블 방송도 없었던 시절이라 화면에는 노이즈 가득한 영상만 나올 뿐이었다. 너무 무서운 꿈이었기에 다시 침대로 돌아갈 엄두가 나질 않았다. 출근 시간까지 어떻게 시간을 때워야 하나 고민하는데 문득, 한 가지 생각이 떠올랐다.

'맞다! 인생 고공표.'

달력을 보니, 겨울 방학까지는 이제 한 달 정도밖에 남지 않았다. M 박사가 귀국해 숙제 검사를 할 텐데 리더 체면에 흉내라도 내서 제출해야겠다 마음먹고 책상에 앉아 스탠드의 불을 켰다. 이면지 몇 장을 꺼내고 볼펜을 집어 들었다.

'내 참. 하루 살아내기도 힘들어 죽겠는데, 인생 고공표라니.'

속에서 울컥 부아가 치밀었다. 지금 무엇을 위해 이 고생을 하나 회한도 밀려왔다. 어느새 눈가에 촉촉한 기운이 스몄다. 특별한 방법을 알려준 것도 아니어서 하얀 백지를 내려다보며 무엇을 써야 할 지 막막하기만 했다. 에라 모르겠다, 하는 심정으로 되는대로 마구 써 내려가기 시작했다.

'까짓 거, 안 되면 그만이지 뭐.'

일단 80세까지 산다고 가정해 보았다. 당시 30대 중반이었으므로 남은 시간이 적지 않다는 것을 새삼 느꼈다. 칸을 나누어 30대, 40대, 50대…… 이런 식으로 10년 단위의 표를 만들었다. 30대 칸에는 무엇을 적을까, 40대 칸에는 무엇을 채워 넣을까 고민하다가 뭔가 체계가 없다는 생각이 들었다. 대학 시절 전공이 건축공학인 탓인지 집을 설계할 때도 대지 분석이라든가 가족의 구성원에 따른 공간요구 분석 등을 먼저 한 후 건축주의 철학이나 취향을 반영해 설계해야 한다는 것이 떠올랐다. 요컨대 인생의 설계를 할 때에도 최소한 인생의 철학을 먼저 정의하고 각 연령대별 세부 계획을 짜는 것이 순서가 아닐까라는 생각으로까지 자연스럽게 발전하게 된 것이다.

몇 가지 질문을 스스로에게 한 번 던져보았다. 내가 정말 갖고 싶은 것은 뭐지? 내가 정말 하고 싶은 일은 뭘까? 죽고 나면 사람들이 나를 어떻게 기억해 주기를 바라고 있나? 이런 질문들을 종이에 쓰고 생각하면서 답을 적는 과정을 통해 그 동안 한 번도 진지하게 나 스스로에 대해 생각해 본 적이 없다는 것을 깨달았다. 막상 글로 인생의 근본적인 질문들에 대해 답을 적어 보려니 좀 어색하기도 하고 우스꽝스럽기도 했다. 한편으로는 스스로에 대해 비아냥거리는 마음도 없지 않았다. 지금 돌이켜 생각해보면 당시의 절망적인 상황이 역설적으로 큰 도움이 되었다. '이왕 이렇게 바닥에 주저 앉은 인생. 밑져야 본전이다. 더 이상 잃을 게 뭐가 있어'라는 생각이 오히려 묘한 반발심을 자극했던 것이다.

그래서 스스로에게 묻는 모든 질문들에 장난 같은 심정으로 큰소리 뻥뻥치듯 허풍스럽게 답변을 적어 내려갔다. 허황된 내용들이 많았다. 예를 들면 이런 내용도 있었다.

내 인생에서 정말 하고 싶은 일: 강연을 한다.
(전 세계를 두루 다니며 죽을 때까지 218개 국가를 하나도 빠짐없이 다니며 강의한다. 이를 위해 1년에 4개국 이상을 여행한다.)

괄호 안의 내용은 큰소리치며 허황되게 그것도 아주 구체적으로 적은 하나의 예이다. 당시 내가 맡고 있었던 일은 연구소 일의 전반적인 기획과 교재 출판관련 총괄 업무여서 컴퓨터 앞에서 자판을 두드리거나 회의를 주재하는 것이 전부였기에 '강연'은 도무지 실현 가능성이 전혀 없는 영역이었다. 단지 M 박사가 전국, 때로 세계 각국을 다니며 강연을 통해 긍정적인 영향력을 미치는 것을 곁에서 보면서 저런 삶이 참 보람되겠다는 부러운 마음이 무의식 가운데 잠재되어 있었던 모양이었다.

그 밖에도 몇 가지 더 허황된 것들을 기록했는데 내 이름으로 된 베스트셀러를 쓴다, 전 세계에 수백 개의 학교를 세운다 등이 있었다.

정신 없이 몰입해 장황하게 인생의 헛된 몽상들을 기록해 보는 시간이 꽤나 달콤했다. 출근시간까지 대략 5시간 이상 투자해 A4 용지로 열댓 장을 썼던 것 같다. 비록 하나도 이뤄질 것 같지 않았지만 적어보는 그 자체만으로도 내 안에 작은 등불이 켜지는 듯한 느낌이 들어 좋았다. 현실은 초라하지만 진짜 내 모습은 어쩌면 저 종이 안에 적힌 모습일지도 모른다는 실낱 같은 희망이 잠깐 비쳤던 것이다.

"잠깐, 반주 좀 멈춰주세요. 테너 파트. 몇 번이나 말해야 됩니까? 그렇게 무뚝뚝하게 책 읽듯이 노래하면 안 된다고 했잖아요."

지휘자의 잔소리가 다시 시작되었다. 교회 성가대의 지휘자는 조금만 마음에 들지 않으면 연습을 중단하고 잔소리를 길게 늘어놓는 경우가 많았다.

"조 선생님. 한 가지 부탁이 있습니다."

지휘자의 잔소리를 틈타 옆자리에 앉아 있던 분이 이야기를 건네왔다. 평소에 부탁이라곤 하지 않던 분이라 약간 긴장하면서 이야기를 들었다.

"조 선생님께서 전인교육과 관련된 일을 하신다는 이야기를 들었습니다. 제가 청소년부 부장을 맡고 있는데, 괜찮으시면 우리 학생들을 위해 올바른 학습법에 대한 강의를 한번 해주시면 어떨까요?"

속으로 크게 당황했다. 5년 전, 어느 대학생 동아리에서 강의를 해달라는 요청에 무심코 응했다가 지독하게 고생했던 기억이 떠올랐기 때문이었다. 강의 날짜가 다가오자 식욕도 떨어지고 다른 어떤 일에도 집중할 수 없을 정도로 긴장해서 이후로 강의는 두 번 다시 하지 않았던 나였다. 선생님은 참

집요했다. 교묘하게 나를 설득해 어느새 "네……." 대답을 하게 만드는 재주가 있었다.

약속된 날짜가 다가올수록 또 긴장되어 아무것도 할 수 없는 상태가 되고 말았다. 힘겹게 준비해 20여 명 되는 학생들을 앞에 놓고 강의를 했다. OHP를 이용해 끙끙거리며 겨우 강의를 마치고 식은 땀을 닦고 있는데, 누군가 다가왔다. 30대 중반으로 보이는 여자분이었다. 인근 사회복지관의 선임 복지사라고 자신을 소개했다.

"강의 잘 들었습니다. 저희 사회복지사들도 이 내용을 배우면 참 좋을 것 같네요. 그룹을 만들어볼 테니 4~5주 정도 지도해주실 수 없으실까요?"

마음 속으로는 절대로 안돼, 부르짖고 있었지만 이 사회복지사 역시 설득의 달인이었다. 강의가 참 좋았다는 입발린 소리에 그만 넋을 잃은 내가 어느새 "아, 네, 물론 그래야겠지요"라며 목에 힘을 주면서 대답하고 있는 것이 아닌가! 집으로 돌아오는 내내 스스로를 꾸짖고 꼬집고 학대했지만, 한 번 엎어진 물을 주워 담을 수는 없었다. 1시간 강의 준비하는 것도 한 달을 꼬박 고생하며 좌불안석이었는데, 회당 3시간짜리 프로그램을 5주간 진행하는 일에 선뜻 오케이했으니 대형 사고를 친 것이다.

"지난 5주 동안의 시간을 통해 저 자신의 삶에 작은 변화가 시작되었습니다. 감사드려요."

촛불의 흔들림 같은 은은한 목소리로, 마지막 소감 발표를 하는 자리에서 사회복지사 한 분이 눈시울을 붉히며 감사한 마음을 고백했다. 5주짜리 강의 프로그램과 실습 교재를 만드느라 거의 죽을 뻔 고생했지만, 네 번의 수업을 진행하면서 내 마음이 많이 달라진 것을 알 수 있었다. 강의는 내가 잘 할 수 있거나 좋아하는 영역은 분명 아니었지만, 버겁고 힘들어도 내 수고를 통해 누군가가 자신의 삶에서 새로운 돌파구를 발견했다는 고백을 듣는다는 것은 진정 가슴 벅찬 일이었다.

청소년들을 대상으로 했던 짧은 봉사의 강의 요청에 홀린 듯이 뜻밖에 "네"라고 대답한 것이 내 삶을 완전히 바꾸어 놓았다. 5주 프로그램의 초안이 잡히자 연구소에서도 당장 이 프로그램을 학부모 교육과 교사 훈련 프로그램으로 활용하자는 아이디어가 모아졌다. 마치 물이 흐르는 것처럼 자연스럽고 빠른 속도로 진행되었다.

불과 한두 달 사이에 업무가 완전히 뒤바뀌었다. 컴퓨터 앞에서 서류 작업을 하던 내가 필드를 뛰어다니며 프로그램을 진행하는 현장요원으로 탈바꿈한 것이다. 적자를 향해 가던 연구소의 재정 상황에도 의미 있는 반전이 시작되었다. 월요일 아침 출근과 동시에 출장 짐을 싸서 토요일 저녁까지 전국을 순회하며 프로그램을 진행했다. 30대 중반의 열정과 체력이 있었기에 감당할 수 있었던 살인적인 출장 강의가 거듭되었다. 그때까지만 해도 왜 이런 변화가 내 인생에서 벌어졌는지 조금도 눈치채지 못했다.

"아빠, 미국에서 국제 전화예요."

어느 날 밤 큰딸이 궁금하다는 표정으로 전화기를 건네주었다. 유학을 간 친구가 있긴 하지만 미국에서 전화를 걸어올 사람이 누군지 궁금했다.

"안녕하세요. 저는 미국 애틀랜타의 남인호(가명)라고 합니다. 선생님께서 진행하시는 5주 프로그램에 대해 들었습니다. 이곳 미국 한인사회에 꼭 필요한 내용인 것 같아서 선생님을 초청하고 싶은데 혹시 5주 과정을 압축해서 3일 정도 저녁 시간에 진행해 주실 수 있으신가요?"

상상도 못했던 일이었다. 프로그램을 시작한지 불과 3개월의 시간이 흐른 뒤여서 이제 겨우 분위기를 파악하고 있는 중인데, 태평양을 건너와서 진행해 달라니 놀랍기도 하고 두렵기도 했다. 비용에 대한 간단한 합의가 이뤄지고 일정이 곧 확정되었다. 십수 년이 흐른 지금에 와서야 고백할 수 있지만, 그 당시에는 정말 엄청나게 긴장하며 무대에 올랐다. 프로그램을 마치고 숙소에 돌아오면 늘 기진맥진해 침대에 쓰러지며 '휴. 저런 대단한 분들을 앞에 두고 내가 지금 뭘 하고 있는 거지?'하는 생각을 했다.

무사히 첫 미국 강연을 마치고 귀국해 다시 정신 없이 국내를 뛰어다니고 있을 때였다. 6개월 정도를 숨가쁘게 달려온 셈이었다. 연구소 분위기는 어느 정도 활력을 되찾았고 나는 벌겋게 달구어진 쇠처럼 변해 있었다. 문제는 체력이었다. 아침에 일어나기 힘들 정도로 몸이 무거워지기 시작했다. 며칠이라도 쉬었으면 하는 생각이 간절하던 차에 미국에서 두 번째 초청이 왔다. 지난 번 애틀랜타 모임에서 좋은 인상을 받았던 리더 한 분이 버지니아 주의 소속 학교에 돌아가 유학생들을 모아 팀을 짠 것이다.

회사에 한 주 휴가를 내고 귀국 길에 가벼운 여행 계획을 세웠다. 강연을 성공적으로 마치고 시애틀 공항에서 차를 빌려 육로로 국경을 넘어 캐나다 록키 마운틴을 여행하는 3박 4일은 맑고 청량한 기운으로 지친 몸과 마음을 새롭게 회복하는 소중한 시간이었다. 시리도록 짙푸른 하늘과 선글라스를 끼지 않으면 눈이 아플 정도의 새하얀 눈으로 뒤덮인 거대한 산들 사이로 미끄러지듯 차를 운전하며 혼자만의 여유로운 시간을 즐길 수 있었다.

퇴근만 하면 집에 돌아와 거실 구석에 쭈그리고 앉아 한숨만 푹푹 쉬던 내가 정확히 6개월 만에 완전히 새로운 존재가 되어버린 듯한 느낌이었다.

정말 신기한 일은 그로부터 넉 달 뒤에 벌어졌다. 당시는 인터넷보다 PC통신이 대세인 시대였다. 하루는 천리안 초기 화면에 흥미로운 이벤트 광고가 떴다. 당시 박찬호 선수는 메이저리그 LA 다저스에서 한참 전성기를 구가하고 있었다. 〈박찬호 응원하러 가기 경품 이벤트〉 대략 이런 내용의 행사였는데, 굉장히 어려운 10개의 문제가 출제되었다. 이 문제의 정답을 모두 맞춘 사람 중에 한 사람을 뽑아 박찬호 선수가 선발 등판하는 경기 일정에 맞춰 미국 LA를 여행하고 멕시코의 국경도시인 티후아나를 관광할 수 있는 패키지를 경품으로 준다는 것이었다. 10개의 문제는 대략 이런 식이었다.

1. 박찬호 선수가 살고 있는 미국의 집 주소는 어떻게 되는가?
2. 최근 박찬호 선수가 패전투수가 되었을 때, 동료 투수인 라몬 마르티네즈가 박찬호 선수에게 뭐라고 위로하며 조언해 주었는가? 등등.

문제의 수준이 워낙 전문적이고 흥미로워서 만사를 제쳐두고 문제 풀이에 들어갔다. 공지사항을 보니 마감 시간은 그날 자정. 온갖 자료를 뒤져가면서 결국 10문제를 다 풀어냈다. 시계를 보았더니 밤 11시 55분. 콧노래를 부르며 마감 5분 전에 정답을 주최측에 전송하는 데 성공했다.

두근거리는 마음으로 다음 날 당첨자 공지를 확인해 보았다. 그런데 당첨자 발표를 1주 연기한다는 공지가 떠 있는 것이 아닌가. 응모자가 너무 적어서라는 것이다. 이번에는 응모 방식이 게시판에 포스팅하는 방식으로 변했다. 누구나 정답을 베낄 수 있도록 한 것이다. 순식간에 응모자가 수천 명에 달했다. 혹시나 하는 마음이 완전히 꺾여 마음을 비운 채 1주일 후 당첨자 발표를 보았다. 그런데 놀라운 일이 벌어졌다. 3명의 최종 예비 후보에 내 이름이 올라가 있었던 것이다. 다음 날 새벽, 세 사람의 예비 후보 중 한 명을 박찬호 선수가 직접 뽑는다고 했다. 애석하게도 내가 아닌 다른 예비 후보가 당첨되었다. 실망스런 결과였지만, 그래도 짜릿한 며칠을 보낸 것에 감사하면서 다시 일상으로 돌아갔다. 마침 미국 필라델피아에서 세 번째 초청이 들어왔다. 기쁜 마음으로 10월 첫째 주로 스케줄을 잡았다.

하루는 출장을 마치고 사무실에 들어오는데 직원이 급하게 나를 찾는 소리가 들렸다. 어제부터 계속 나를 찾는 전화가 온다는 것이었다. 다급한 목소리가 전화선을 타고 흘러 들었다.

"조신영 씨 되시죠. 혹시 미국 비자 있으신가요?"

난데없이 비자 여부를 묻기에 조금 불편해진 마음이 들어서 퉁명스럽게 대꾸했다(당시에는 미국 여행을 하려면 비자가 필요했다).

"무슨 일 때문에 그러시죠?"

다소 날카로워진 내 목소리에 상대는 움찔하며 사연을 털어놓았다.
"여기는 S투어라는 여행사인데요. 이번에 천리안 행사를 맡게 되었습니다. 지난 번 박찬호 응원 이벤트 기억하시죠? 당첨되신 분이 안타깝게도 미국 비자가 거절되셔서, 혹시나 조신영 님이 일정이 괜찮으시면 미국 여행을 좀 대신 다녀와 주실 수 있으신가 해서요."
침을 꿀꺽 삼켰다.
조금 전에 퉁명스럽게 대꾸한 것이 대단히 후회스러웠다. 당장, 네, 그럼요, 가고 말고요, 대답하고 싶었지만 너무 가벼운 사람처럼 보일 것 같아서 조금 묵직한 목소리로 대답했다.
"스케줄 한 번 체크해 보고 연락드리도록 하지요."
전화를 끊고 혼자서 미친 듯이 예쓰, 예쓰 하면서 허공을 향해 주먹을 날렸다. 직원들이 안쓰러운 표정으로 나를 쳐다보는 것이 느껴졌다. 요즘 출장을 많이 다니더니 피곤한가 보다 생각했을 것이다. 달력을 보며 깜짝 놀랐다. 박찬호 응원 여행 일정이 필라델피아 강연과 딱 맞는 스케줄이어서 여행을 마치고 바로 동부로 건너가면 되는 여정이었다.
9월 마지막 주. 매우 인상적인 박찬호 선수의 경기를 본 후 덤으로 주어진 멕시코 투어와 필라델피아 강연을 마치고 귀국하는 비행기 안에서 나는 문득 깨달았다.
'맞아. 작년 11월 어느 새벽에 인생 고공표라는 걸 쓴 적이 있는데. 그때 쓴 일들이 하나씩 이뤄져 가고 있는 거 아닌가? 어라? 그때 1년에 4개국씩 다니면서 강연한다고 썼는데, 그게 전부 이루어졌잖아? 세상에. 에이, 이럴 줄 알았으면 좀더 잘 써보는 건데.'
그해 여름, 교회에서 전 교인이 여름 캠프로 모스크바와 상트 빼제르부르크를 다녀온 적이 있었다. 생각해 보니 미국, 캐나다, 러시아, 멕시코 이렇게 4개국을 여행하며 강의했던 것이다.

까맣게 잊고 있었던 그 새벽의 기억이 떠올랐다. 악몽 때문에 출근 전까지 미친 듯이 한풀이 하듯이 종이에 써내려 갔던 내 미래의 모습. 마치 그 과정을 기다리기라도 한 것처럼 그 이후에 폭풍처럼 휘몰아친 도저히 믿어지지 않는 새로운 경험들이 결코 우연한 일 같이 생각되지 않았다.

이 모든 변화는 한순간에 결정되었다. 그 순간은 바로 청소년부 부장 선생님의 강의 요청에 엉겁결에 "네"하고 대답한 짧은 순간이 아니었을까? 만약 내가 그때 거절했다면, 5주 과정의 코스는 당연히 존재하지도 않았을 것이고 나는 무너져 가는 연구소에서 빚더미에 앉아 후회하며 세상과 남을 원망하며 더욱 피폐해진 1년을 보내고 말았을 것이다.

전 세계를 무대로 활약하는 수많은 사람들의 화려한 일에 비하면 비록 보잘것없는 경험이지만 나에게는 놀랍고도 대단한 일이었다. 이 경험을 통해 큰 자신감을 얻었기 때문이다. 물론 이런 일들이 단지 우연의 일치일 수 있고, 일반화하기에 어려운 특수한 경험일 수도 있다. 다만, 이 이야기를 통해 나누고 싶은 것은 누구에게나 진흙으로 감추어진 자신만의 놀라운 세계가 있다는 것이다. 자신에게 내재된 능력을 결코 무시하지 말자. 그리고 그 능력을 잘 설계한 과녁에 집중하자. 그 순간, 성공을 향한 놀라운 움직임들이 쿵쾅대며 우리의 인생으로 흘러들어올 것이다.

8

T-W-M
순환 공식

데일 카네기Dale Carnegie가 라디오 방송에 출연했을 때의 일이다. 진행자가 이렇게 질문했다.

"당신이 지금까지 배운 최대의 교훈을 한 문장으로 표현해 주시겠습니까?"

카네기는 자신 있게 답했다.

"이제까지 제가 배운 최대의 교훈은 우리가 무엇을 생각하고 있는지를 아는 것의 중요성입니다. 나는 당신이 무엇을 생각하는지 알 수 있으면 당신이 어떤 인물인지 알 수 있는데, 그 이유는 당신이 생각하는 것이 당신을 만들기 때문입니다. 그러니까 우리는 자신의 생각을 바꿈으로써 인생을 바꿀 수가 있습니다."

말하자면 행복을 생각하면 행복해지고, 비참한 생각을 하면 비참해지고, 무서운 생각을 하면 무서워지고, 병적인 생각을 하면 정말 아프고, 실패를 생각하면 결국 실패한다는 것이다. 나는 이런 원리를 T-W-M이라는 공식으로 이야기하곤 한다. 우리의 삶을 지배하는 영역에는 세 가지가 있는데 그것은 사고계Thoughts-언어계Words-물질계Matters라는 것이다.

사고계는 비가시적인 영역으로 데일 카네기가 언급했던 생각의 부분이다. 반대로 물질계는 완전히 손에 잡을 수 있는 가시적인 영역, 즉 우리가 매일의 일상에서 느끼고 붙잡고 전달하고 맛볼 수 있는 모든 것들이라 할 수 있다. 이 두 영역을 연결해 주는 고리 역할이 바로 언어계이다. 이것을 그림으로 표현해 보면 〈그림 8〉과 같다.

성공하는 사람들은 물질계에 관심을 기울이기 전에 사고계를 먼저 철저히 문서로 정립한다. 그들은 사고계 정립에서 시작해 언어계로 자신의 비전과 플러스 사고방식을 통한 긍정적인 언어들을 만들어 물질계로 방출한다. 그 결과로 삶의 무대에서 부와 명예와 행복이라는 가시적인 열매들을 얻는다. 반면 일반적인 사람들은 물질계-자신을 둘러싸고 있는 환경-에 종속되어 일상에서 접하는 것들의 범주를 벗어나지 못한다. 그들의 언어계는 현재의 환경과 상황에 얽매이고 사고계는 언어계의 범주를 벗어나지 못하는 역순환을 반복한다. 결과적으로 인생의 원이 조금씩 축소되는 것이다.

인생에 대한 큼직한 그림을 먼저 그리는 것이 올바른 시간 관리의

● 그림 8 T-W-M

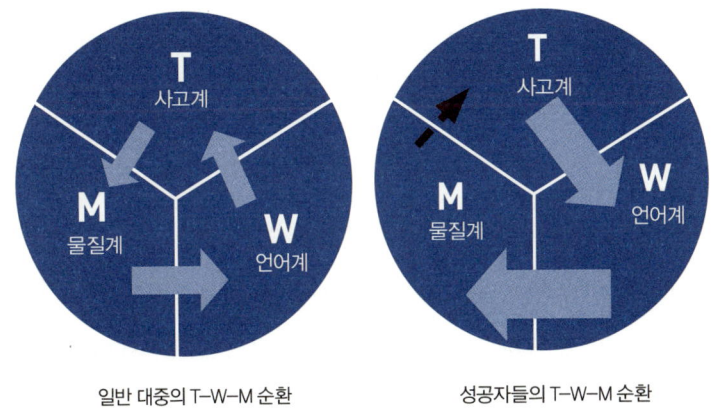

일반 대중의 T-W-M 순환 　　　성공자들의 T-W-M 순환

첫 단추다. 이를 위해 필요한 것은 바로 진정으로 나 자신이 원하는 것이 무엇인지를 파악하는 것이다. "나에게 그럴 자격이 있을까?" 혹은 "나에게 그런 능력이 있을까?"라는 질문은 T-W-M 순환을 거스르는 것이다. 현재의 환경이나 여건을 생각하기 이전에 백지 상태에서 자신의 인생의 큰 그림을 먼저 그려볼 필요가 있다.

말의 뿌리는 생각이다. 생각이 어두우면 말도 어둡게 나오고, 생각이 밝으면 말도 밝고 힘차게 나온다. 그러므로 말을 바꾸려면 먼저 생각을 바꿔야 한다. 그런데 공교롭게도 생각은 말에 지배받기도 한다. 말에는 창조력, 각인력, 견인력이라는 세 가지 힘이 있기 때문이다.

잭 캔필드Jack Canfield가 베스트셀러 《영혼을 위한 닭고기 수프 Chicken soup for the soul》 시리즈를 발간할 때 있었던 경험담을 국내 유력 일간지 인터뷰에서 읽은 적이 있다. 강연자였던 그는 어느 순간, 친구인 마크 빅터 한센Mark Victor Hansen과 함께 한 가지 결정을 내린다. '유례가 없는 최고의 베스트셀러를 써 보자!' 그들은 단순히 책을 내야지, 이렇게 결정한 것이 아니라 최고의 베스트셀러를 출판하자고 결정한 것이다. 사람들은 흔히 베스트셀러는 독자가 결정한다고 생각하지만, 이들은 베스트셀러가 되고 안 되고는 이미 저자의 마음속에서 출발한다고 생각했다.

이 결정을 내린 후 그는 밤마다 침대에 누워 400번씩 이렇게 소리 내어 선포했다고 한다. "나는 이제 최고의 베스트셀러 저자가 될 것이다." 이 행위를 실천한 지 일주일도 채 되지 않아 그의 머리에 번쩍이며 스치고 지나가는 단어가 있었다. 그것이 바로 Chicken Soup(닭고기 수프)라는 단어다. 한국인에게는 비교적 낯선 개념이지만 미국인에게는 몸살 감기 등을 앓을 때 어머니가 끓여주는 보양식으로 매우 익숙한 단어이다.

결국 잭 캔필드와 마크 빅터 한센은 엄청난 베스트셀러, 즉 3초에 1권씩 전 세계적으로 팔려나간 초유의 베스트셀러 작가가 되는 데 성공했다. 지금은 전 세계적으로 1억 부 이상이 판매되었다.

T-W-M 법칙이 제시하는 핵심 개념은 모든 것의 출발은 T(사고계)에서 이루어지고, 그것을 언어계(W)로 옮겼을 때 구체적인 에너지가 발생하기 시작하며 그 결과 물질계(M)인 마지막 단계에서 부메랑처럼 변화되어 확대 재생산된다는 것이다. 성공하는 사람들은 이 원리를 이미 잘 알고 나름대로 적극 활용하여 큰 성과를 이루어내고 있다.

9
효과적인 시간 관리법

이상과 같은 원리와 방법으로 인생의 큰 그림을 먼저 그리면 서양의 격언처럼 '숲을 먼저 본 다음, 나무를 보게 되는 지혜'를 얻고 매일의 시간을 효과적으로 사용할 수 있다. 독일의 종교 개혁자 마틴 루터는 바쁜 일들이 점점 많아지자 하루에 1시간 기도하는 습관을 2시간으로 늘였다고 한다. 대단한 역설이 아닌가? 그런데 여기에 놀랍도록 지혜로운 시간 관리의 비결이 숨겨져 있다.

급하고 바쁜 일들이 많이 닥친다는 것은 역량의 한계에 벗어나는 일들을 수용한다는 뜻이고 그 결과로 삶은 재난으로 바뀔 수밖에 없다. 루터는 그 사실을 잘 알았기에 새벽 시간의 기도를 2배로 늘임으로써 자신에게 진정으로 중요한 일(인생의 큰 그림)이 무엇이며 시간 도둑에 해당하는 것들이 무엇인지를 분별할 수 있었다. 그리고 일상에서 중요하지 않은 것들은 모두 "No"라고 거절할 수 있는 지혜를 터득해 소중한 시간들을 낭비하지 않고 한 방향으로 집중된 삶을 살아갈 수 있었다.

단기적인 시간 관리를 위해 필요한 또 한 가지 지혜가 있다.

임마누엘 칸트는 어떤 귀부인과 다음과 같은 대회를 나누었다고 한다.

"칸트 선생님. 어떻게 하면 시간을 좀더 효과적으로 사용할 수 있을까요?"

"바느질 바구니를 잘 정리정돈해 놓으시면 됩니다."

효과적인 시간 관리와 바느질 바구니의 정리정돈에 무슨 관계가 있는가? 칸트는 독일인답게 잘 정돈된 주변 환경이 시간 관리에 필수적 조건이라고 생각했다. 이는 톱질과 톱날 관리의 비유에서도 살펴 볼 수 있는데, 8시간의 근무 시간 내내 톱질만 하는 나무꾼과 1시간 톱질하고 10분 톱날을 가는 지혜로운 나무꾼의 생산성을 통해서도 생각해 볼 수 있기도 하다. 잘 정돈되지 않은 업무 환경들-정돈되지 않은 파일함, 서랍 내부, 주머니, 지갑, 컴퓨터의 바탕화면 폴더들, 가방 등-은 우리의 잠재 의식 가운데 무거운 짐이 되어 우리의 시간을 도둑질한다. 집중력을 현저하게 떨어뜨리는 것이다.

정기적으로 환경을 개선하는 데 시간을 투자하는 것은 현명한 시간 관리법이다. 완벽할 정도로 정리정돈해 두면 평소의 생산성보다 훨씬 효율적으로 일을 진행할 수 있고 불필요한 일에 신경을 빼앗기지 않음으로써 시간 도둑이 침범할 여지를 없앨 수 있다.

효율적인 하루 시간 관리법

베들레헴 철강이라는 미국 굴지의 철강 회사 회장인 찰스 슈왑은 밀려드는 업무량을 어떻게 하면 가장 효과적으로 처리하고 시간을 잘 사용할 수 있을까 고민하다가 당시 유명한 컨설턴트였던 아이비 리[Ivy Lee]의 자문을 구했다. 컨설팅 비용으로는 얼마든지 지불할 용의가 있으니, 하루 시간을 가장 효과적으로 쓸 수 있는 방법을 물은 것이다. 아이비 리는 이 요구에 아주 지혜롭고 효과적으로 조언했다.

"회장님, 지금부터 제가 시키시는 대로 하실 의향이 있습니까?"

"그렇고 말고, 시간을 잘 사용하는 것이 가장 중요한 것이라는 데 의심의 여지가 없소. 돈은 얼마든지 구할 수 있지만 시간은 어디서 빌려 올 데도 없지 않소. 그러니 나에게 하루 24시간을 가장 효과적으로 사용하는 방법을 가르쳐 주시오."

"좋습니다. 그러면 오늘 밤부터 당장 이렇게 해 보시지요."

"말해 보시오."

"저녁에 침대 옆에 깨끗한 종이 한 장과 연필을 준비하세요. 그리고 내일 해야 할 일들을 생각나는 대로 쭉 적어 내려가시는 겁니다. 더 이상 생각나지 않을 만큼 적은 다음에 목록들을 보면서 가장 중요한 것 6가지만 뽑아 내세요. 중요한 것과 덜 중요한 것의 차이는 회장님이 결정하셔야 합니다. 종이 한 장의 차이라도 좋으니 더 중요한 것 6개를 가장 중요한 것부터 순서대로 배열하십시오."

"그 다음엔 어떻게 하라는 거요?"

"네, 다음날 출근해서 1번 업무를 목표한 만큼 다 끝내기 전에는 2번 업무를 절대 시작하시면 안됩니다. 1번이 덜 끝나면 2번은 손을 대지 말아야 합니다. 이것이 꼭 지키셔야 할 규칙입니다. 3번이나 4번 항목이 아무리 강렬하게 회장님을 유혹해도 절대 그 유혹에 넘어가시면 안됩니다. 반드시 1번을 끝낸 후 2번으로 넘어 가십시오. 하루에 다 끝내지 않으셔도 됩니다."

"매우 흥미 있는 제안이로군. 좋소, 오늘 밤부터 실천해 보리다."

챨스 슈왑은 이처럼 아이비 리의 조언대로 우선순위 중심의 하루 시간 사용법을 실천해 보았다. 결과는 대만족이었다. 엄청나게 생산성이 높아진 챨스 슈왑은 감사의 표시로 아이비 리에게 얼마를 지불했는지 아는가? 무려 20만 달러(약 2억 3천만 원)를 수표로 즉석에서 발행해 지급했다. 그 당시가 1920년대라는 점을 감안하면 놀라운 얘기가 아닐 수 없다. 우리가 이 이야기를 듣고 실행에 옮겨 생산성의 향상을 가져올 수 있다면 챨스 슈왑에게 20만 불을 빚진 것이나 다름없다.

10
시간 관리 습관을
체질화하려면

5리터짜리 유리 항아리에 다음 3가지 물건을 효과적으로 채워 넣으려면 어떻게 해야 할까?

얼마 전 청소년들을 상대로 시간 관리 강의를 진행하다가 이 실험을 해 보았다. 우유나 쌀을 먼저 부었을 때는 결코 최상의 결과를 얻을 수 없었다. 덩어리가 큰 감자가 촘촘한 쌀 틈을 비집고 들어가는 데는 한계가 있기 때문이다. 가장 부피가 큰 감자를 먼저 항아리에 채워 넣고

쌀　　　　　우유　　　　　감자

그 다음으로 쌀을 부으면 감자의 틈 사이로 쌀들이 촘촘히 채워진다. 마지막으로 우유를 부으면 쌀알의 빈틈까지 완벽하게 파고들어 5리터의 유리 항아리를 가장 효과적으로 채울 수 있었다.

이 실험에서 우리는 중요한 사실을 발견할 수 있다. 감자에 해당하는 것이 무엇일까? 바로 우리가 인생 설계도를 작성할 때, 각자의 인생 목표를 이루기 위해 가장 중요한 것으로 꼽았던 것들이다. 하루 24시간을 채울 때 꿈을 이루기 위해 가장 중요한 것들을 먼저 실천해 나가라는 것이다. 쌀이나 우유는 무엇일까? 그다지 노력하지 않더라도 어렵잖게 처리할 수 있는 업무들, 급한 일들, 일상생활(먹고, 마시고, 씻고, 옷 갈아 입는 등등)일 것이다. 플러스 사고력과 강력한 의지력, 또 주도적 실행능력이 뒷받침되어야 하겠지만, 중요한 것들을 먼저 유리 항아리에 채워 두면 급한 일들이나 일상의 일들은 자연스럽게 시간의 빈틈에 흘러 들어 24시간을 가장 알뜰하게 사용할 수 있게 한다.

하루 계획을 문서로 작성하고 그 문서를 토대로 우선순위를 하나하나 확인하면서 살아가는 것과 생각나는 대로 대충 감각에 의존해서 살아가는 것에는 큰 차이가 있다. 시간 관리 습관을 체질화하기 위해서는 매일 아침 본능적으로 인생 전체의 목적과 사명에 근거하여 중요한 우선순위 중심의 하루 계획을 작성하는 훈련을 거듭 반복해야 한다.

시간 관리 습관의 체질화를 위해서는 도구가 필요하다. 간단하게는 A4용지 한 장이나 수첩도 좋고 캘린더 형태의 다이어리나 플래너가 있다면 더욱 좋다. 물론 스마트폰을 이용하는 방법도 있다. 웹이나 PC의

다이어리 프로그램도 유용하다. 중요한 것은 도구의 종류나 품질에 관계없이 인생 전반에서 하루의 우선순위 결정에 이르기까지 내면에 있는 추상적 관념들을 문서화하여 정리할 수 있고 그것을 그때그때 나침반처럼 꺼내볼 수 있는 것이어야 한다.

어떤 도구를 사용하든지 맨 앞부분에는 자신의 인생 목표가 기록된 인생 설계도가 붙어 있어야 한다. 그리고 최소한 하루에 한 번은 그 설계도를 눈으로 확인하고 마음으로 다짐하는 시간을 가져야 한다.

10년 단위의 주요 계획을 훑어 보고, 길게는 5년에서 올 한 해의 중요한 계획들을 빠르게 읽은 후에 해당 월, 해당 주간의 목표를 확인한다. 그리고 오늘 하루 내가 해야 할 중요한 일들을 중심으로 일일 계획을 작성한다.

당일의 계획은 하루 일과 중 틈틈이 확인하고, 이미 완료된 것들은 표시해 나가면서 철저하게 우선순위 중심으로 하루 일과를 처리해 나갈 수 있도록 한다.

습관 4. 뿌리 깊은 독서

인생의 근본 토양을
갈아엎는 힘

Root & Wing

모든 독서가reader가 다 지도자leader는 아니다.
그러나 모든 지도자leader는 반드시 독서가reader여야 한다.
—해리 트루먼

❶ 생각대로 살지 않으면
사는 대로 생각할 수밖에 없는 세상

프랑스의 철학자이자 시인인 폴 발레리Paul Valery는 이렇게 말했다. "생각대로 살지 않으면 사는 대로 생각하게 될 것이다."

멋진 말이면서 섬뜩한 말이기도 하다. 생각이 바르게 정립되어 있지 않으면 최고의 전문가들과 전략가들에 의해 움직이는 거대 자본의 무차별적 유혹들로부터 헤어나오기 어려워진다.

그들의 관심은 우리의 사고계를 마비시켜 모든 관심의 초점이 물질계에 쏠리도록 하는 데 있다. 물질계에 맞추어진 삶의 초점은 우리를 '사는 대로 생각'하는 기계로 전락시킨다. 삶의 모든 가치 있는 것들은 T의 영역, 즉 생각으로부터 시작되는데 이 영역이 마비되면 자연스럽게 M-W-T 즉, 물질계에서 언어계, 사고계로 역류하는 흐름을 만들어 일상의 삶이 늘 불평과 원망과 후회와 미래에 대한 두려움에 휩싸

• **그림 9** T-W-M의 역순환

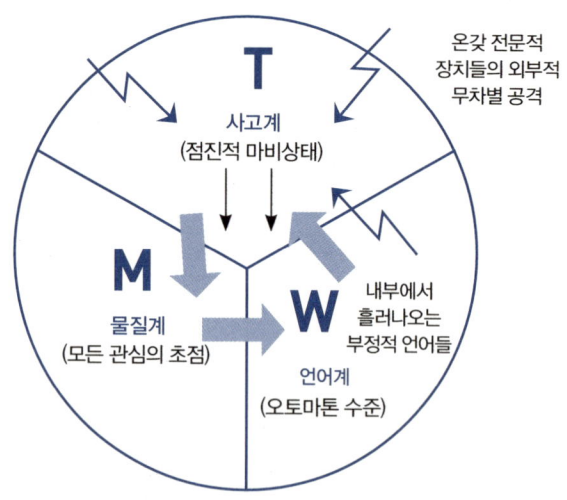

이게 한다.

　반대의 경우도 마찬가지이다. 물질계에서 우연히 달콤한 열매를 따먹을 수도 있다. 이 경우에는 그 맛에 취해 삶이 즐거움과 쾌락의 무대로 변질된다. 이런 채찍과 당근의 경험들을 반복하면서 우리는 서서히 자본의 덫에 걸려들고, 점차 마비 상태에 빠져든다.

　이 덫에서 빠져 나오는 방법은 마비되어 가는 T의 영역, 즉 사고계를 건강하게 부활시키는 것이다. 가장 확실한 방법은 독서이다. 이 시대의 독서란 죽느냐 사느냐의 문제이며 길들여지느냐 돌파하느냐의 문제인 셈이다. 그러므로 습관 4의 '뿌리 깊은 독서'는 성공하는 한국인의 7가지 습관 중 핵심 중의 핵심으로 봐야 한다. 나머지 6가지 습관은 뿌리 깊은 독서 습관을 위한 보조적인 양 날개라고 생각해도 좋다.

일본의 세계적인 저널리스트 다치바나 다카시たちばな たかし는 뿌리 깊고 방대한 독서로 유명한 인물이다. 그는 출판 관련 일을 하는 부모님의 영향으로 초등학교 시절부터 문학, 철학, 역사, 예술, 과학, 경제 분야의 고전들을 섭렵했으며 일본과 중국, 유럽, 미국의 온갖 작품들을 닥치는 대로 읽었다. 현재도 왕성한 집필 활동을 하고 있는데, 그가 언급했던 '오토마톤automaton'이라는 개념을 생각해 보자.

오토마톤이란 우리가 앞에서 살펴본 자극-반응의 화살표를 라틴어로 표현한 것이다. 어떤 내용이 입력되었을 때, 자동적으로 특정한 출력이 이뤄지는 구조이다. 가장 단순한 구조가 자동판매기이다. 동전을 넣고 버튼을 누르면 특정 제품이 나온다. 우리 삶의 양식도 이와 흡사한 경우가 많다. 일상적인 행동들은 대부분 오토마톤의 동작 원리에 의해 자동화된 결과인 것이다.

예컨대 운전을 처음 배울 때는 정신을 집중하면서 클러치와 브레이크, 가속 페달, 지시등에 신경 쓰지만 익숙해지면 음악을 감상하거나 대화를 나누면서도 여유 있게 운전을 할 수 있다. 반면 인간이 자신의 행동을 인지하며 특별히 모니터링해 결과를 남기는 경우는 극히 드물다고 다치바나 다카시는 설명한다.

오토마톤된 지식은 우리의 두뇌 중 소뇌에 저장된다. 인간은 매일 새로운 지식을 학습하고 그 지식을 자동화 부분에 저장하면서 다시 다음 학습을 향해 의식을 돌린다. 그런데 지적 욕구의 수준이 낮은 사람은 자신의 오토마톤 현상에 만족하고 새로운 학습에 대한 의욕을 상실한다. 새로운 것은 더 이상 배울 필요가 없으며 자신이 지금까지 배운 것만으로도 충분히 인생을 살 수 있다고 생각하는 것이다. 그 다음에는 오직 육체적 쾌락과 음식에 탐닉하거나 술을 마시고 즐기면서 살아가면 된다고 생각한다. 반면 지적 호기심의 수준이 높은 사람은 어떤 것이 오토마톤되고 나면 자신의 의식을 새로운 것으로 이끌어 다음에는 이것을, 다음에는 저것을 학습하려고 찾아 나선다.

오토마톤된 자신에게 만족하는 사람의 내면은 점점 비어가므로 그에게는 어떠한 본질도 남지 않는다. 그런 의미에서 인간의 지적 욕구는 그 사람의 본질을 형성해 가는 가장 근본적인 구성요소라 할 수 있다.

미국에서 흑인 인권운동을 했던 마틴 루터 킹Martin Luther King이 38세 되던 해에 이런 연설을 했다.

저처럼 서른 여덟 먹은 사람이 있다고 해 봅시다.
이 사람은 언젠가 어떤 위대한 원칙이나 위대한 사명, 위대한 대의를 위해
분연히 자리를 박차고 일어날 시점을 맞이하게 됩니다.
하지만 이 사람은 겁이 나서, 혹은 좀더 오래 살고 싶어서
그런 사명을 거부합니다.
직장을 잃을까 걱정하기도 하며, 남들에게 비난을 받고 신망을 잃을까 걱정하기도 합니다.
그래서 결국 사명을 따라 살기를 포기하고 말지요.
좋습니다!

그래서 그가 아흔 살까지 살았다고 합시다.

하지만 이 사람은 이미 서른 여덟 살에 죽은 것이나 다름없습니다.

이 사람이 숨을 거두는 것은 벌써 오래 전에 있었던

영혼의 죽음을 뒤늦게 확인하는 것에 불과합니다.

이 사람은 진리를 위해서 일어서기를 거부한 그 순간에 이미 죽은 것입니다.

마틴 루터 킹이 진리를 위해 일어서기를 거부한 그 순간에 이미 죽은 것이라고 말하는 그 비겁한 존재는 길들여진 삶에 안주하고 있는 우리들이다. 나를 자극하는 새로운 생각의 세계로 나아가는 깨어있는 삶을 포기하고, 먹고 마시고 즐거워하며 하루하루를 살아가는 우리의 인생은 죽은 삶과 다르지 않은 것이다.

2
수평적 독서를 통한 평생 학습

역사상 최고의 연주가로 정평이 난 첼리스트 파블로 카잘스 Pablo Casals는 90세가 넘도록 매일 자신의 연주 기량이 향상되고 있다며 피나는 훈련을 게을리하지 않았다. 피터 드러커 Peter Ferdinard Drucker 역시 3년을 주기로 자신의 관심 분야를 바꾸어 가며 평생 치열하게 학습하는 태도를 잃지 않았다. 이들에게 나이는 숫자에 불과하다.

실제로 나이에는 세 가지 종류가 있다고 한다. 첫째는 출생연령으로, 가장 보편적인 개념의 나이다. 둘째는 신체연령이다. 20대의 나이임에도 불구하고 70대 노인의 몸을 가진 건강치 못한 사람의 신체연령은 70대다. 반대로 60대 후반임에도 불구하고 30대의 건강한 육체를 가진 분들도 있다. 그의 신체연령은 30대다. 마지막으로 정신연령. 실제로 자신의 출생연령을 잊어버리고 언제나 청춘으로 살아가는 분들이 있다. 이들이 공통적으로 갖는 특성은 바로 끊임없는 학습이다.

앨빈 토플러Alvin Toffler는 말한다.

"21세기의 문맹자는 글을 읽을 줄 모르는 사람이 아니라 학습하고 교정하고 재학습하는 능력이 없는 사람이다."

《몰입의 즐거움》으로 유명한 심리학자 미하이 칙센트미하이는 이렇게 일침을 놓는다.

"급격하게 변화하는 지식 사회에서 학습을 멈추면 나이에 관계없이 이미 늙은 사람입니다. 반대로 끊임없이 배우는 자는 나이와 관계없이 누구나 젊은 사람입니다."

언제나 청춘을 유지하기 위해서는 학습하는 능력을 통해 끊임없이 자신의 부가가치를 높여야 한다. 학습은 독서를 통해 가장 보편적으로 이뤄진다. 이번 챕터에서는 어떻게 하면 쏟아지는 정보와 지식의 홍수 가운데서 가장 효율적인 수평 독서를 할 것인지를 생각해 보자. 수평 독서라는 용어는 뒤에 등장하는 수직 독서(인문고전 독서)와 대비되는 표현으로 다양한 분야의 지식을 동시에 섭렵하는 독서를 말한다.

지혜, 지식, 데이터의 피라미드

현실 세계에서 일어나고 있는 사건이나 사실들을 모아 놓은 것이 '실재 혹은 데이터'라고 한다면 그것들을 각 분야의 전문가들의 식견으로 분류하고 분석, 종합한 결과물을 언어계(글, 그림, 도표 등)로 정리한 것

● 그림 10 지혜, 지식, 데이터의 피라미드

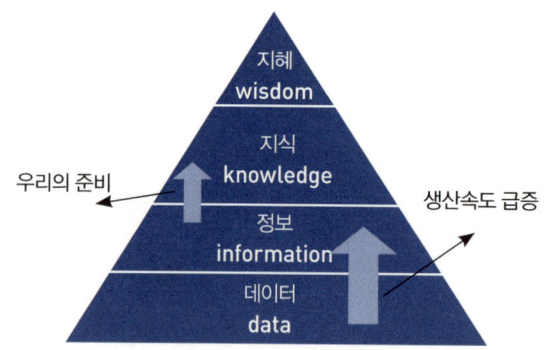

이 정보information이다. 이 정보들의 생산 속도는 무섭게 빨라지고 있다.

이렇게 생성되는 정보의 양은 하루 수십만 건이다. 갈수록 점점 더 빠른 속도로 많은 양의 정보들이 생산되고 있다. 미래학자의 견해에 따르면 2020년이 되면 정보의 생산 속도는 73일을 주기로 2배가 된다고 한다.

지식의 반감기

유한킴벌리의 CEO였던 문국현 전 대표는 '지식의 반감기'라는 용어를 사용했다. 한 개인이 축적한 지식의 총량은 지속적 개선이나 충전이 없을 경우 1년을 주기로 매년 절반씩 감소한다는 것이다.

2010년에 박사 학위를 받은 A라는 사람이 안타깝게도 이후 오토마톤적인 삶을 선택했다고 가정해보자. 자신의 지식 총량에 만족한 채 새로운 학습을 시도하지 않고 손을 놓아버린다면 2011년이 되면 A의 지식 총량은 절반으로 줄 것이다. 2012년에는 0.25로 줄고 2013년에는 0.125가 된다. 이렇게 하여 6~7년이 흐르면 2010년에 비해 그의 지식 총량은 거의 0에 근접해진다.

지식의 반감기를 생각하면 정말 오싹해지지 않을 수 없다. 지속적인 개선을 멈추는 순간, 우리는 퇴보하기 시작한다. 어제보다 나은 내일. 이것이 바로 우리의 목표가 되어야 한다. 나의 경쟁자는 타인이 아니라 바로 어제의 나이다. 어제보다 한 뼘 발전한 오늘, 오늘보다 한 뼘 발전하는 내일을 지속적으로 이루어야 한다. 진정한 성공은 타인과의 경쟁에서 우월적 지위를 점하는 것이 아니라 나와의 경쟁에서 승리해 나 자신의 재능을 극대화하고 꽃피우는 것임을 잊지 말자.

현명한 지식 소비자의 태도

만일 우리가 굳게 결심하고 하루에 15분씩 TV 시청 대신 책을 읽는다면 어떤 일이 벌어질까? 1년에 최소한 15권의 책을 읽을 수 있다. 15분을 30분으로 2배 늘린다면, 연간 30권의 독서량을 유지할 수 있는 수준이 된다.

빌 클린턴은 몇 해 전 KBS의 한 프로그램에 출연해 자서전 《My Life》와 관련된 이야기를 나누면서 자신의 독서 경험을 말했다. 그는 대통령 재임 시절에 연간 60~100권 정도를, 퇴임 후에는 연간

200~300권의 방대한 독서량을 유지하고 있다고 밝혀 충격을 주었다. 자신에게 큰 영향을 주었던 책으로는 청년기에 읽은 아우렐리우스의 《명상록》과 《백년 동안의 고독》이라는 소설을 꼽았다. 그는 삶에서 독서는 큰 힘이 되고 자신을 탄탄하게 해 주는 버팀목 역할을 한다는 요지로 독서의 중요성을 누차 강조했다.

클린턴의 연간 독서량 300권은 한국인의 성인 평균 독서량에 비하면 엄청난 양이다. 한국 출판 연구소가 발표한 자료에 따르면 한국 성인들의 연간 독서량은 11권에 불과하기 때문이다. 철학자 데카르트는 이렇게 말했다.

"좋은 책을 읽는 것은 과거의 가장 훌륭한 인물들과 대화를 나누는 일이다."

책을 통해 우리는 선인들의 지혜를 배울 수도 있고 저자와의 간접적인 대화를 통해 삶을 풍요롭게 채워나갈 수도 있다. 한국인의 평균 TV 시청 시간이 3시간을 초과하는데, 이 시간을 독서에 할애한다면 연간 180권 이상의 책을 읽을 수 있을 것이다.

③ 독서 습관을 방해하는 세 가지 장애물

70년대 초반, 우리나라는 온갖 반대를 무릅쓰고 경부 고속도로 건설에 착수했다. 자동차와 고속도로의 나라라고 불리는 미국의 도로 전문가들은 당시 대한민국의 교통량 수준으로 보아 고속도로는 극히 비현실적인 꿈이며 향후 10년 이내에는 불필요한 시스템이라고 평가했다고 한다. 그러나 강력한 추진력으로 이루어진 이 프로젝트는 우리나라를 후진국에서 벗어날 수 있도록 이끄는 경제의 핵심 원동력이 되었음을 이제는 누구도 부인하지 않는다.

이제 우리는 눈에 보이는 고속도로가 아니라 비가시적인 지식이 전달되는 정보의 고속도로를 잘 준비하고 구축해 두어야 한다. 이는 시시각각으로 변하는 정보 폭발 시대에 맞는 지적인 시스템이며 외국어 공부보다 훨씬 더 시급한 문제이다. know how보다 know where가 강조되는 시대, 돈이 되고 유익한 정보가 어디 있는지 재빨리 찾아내어 나의 지식 시스템 안에 그 정보를 진공 청소기처럼 강력하고 빠르게 흡수하는 능력이야말로 미래를 대비하는 소중한 힘인 것이다.

비효율적인 독서 습관의 3가지 문제점

세미나를 통해 측정해 보면 한국인 대부분의 독서 속도의 평균치는 분당 약 400~600자 수준이다. 흥미로운 사실은 인지 심리학자들의 연구 발표 결과이다. 정상적인 사람의 경우 한 번 시선을 던지면 보통 4~6글자의 정보를 인식하는데, 두뇌가 그 문자 정보를 이해하는 데에는 0.2~0.25초의 시간이 소요된다고 한다. 산술적으로 계산해 보면 1분당 정상적으로 처리되어야 할 정보의 분량은 약 1,000자~1,500자다. 그런데 왜 대부분의 한국인들이 400자~600자 범위를 넘기지 못하는 것일까?

여기에는 크게 세 가지 이유가 있다. 이 세 가지 이유를 파악하고 극복할 수 있으면 누구라도 1,000~1,500자 수준의 독서 속도를 경험할 수 있다. 이는 평소 독서량의 2~3배를 웃도는 분량이 될 것이다. 즉, 1주일에 책 1권 보던 사람이 2~3권으로 독서량을 늘릴 수 있고 연간 50권의 독서량을 150권 정도로 끌어 올릴 수 있는 매력적인 일이다.

대단한 속독 능력을 훈련해서 엄청난 독서를 약속하는 환상적인 방법이 아니라 원래 우리 각자가 발휘할 수 있는 정상치를 회복하여 평소보다 2~3배 많은 분량의 독서가 가능하도록 하는 것이다.

장애 원인 1) 마음과 입술로 글을 따라 읽기 때문이다

우리는 책을 읽을 때, 눈으로 읽는다고 생각하지만 의외로 눈으로 읽는 것과 동시에 입과 마음속으로 따라 읽는 경우도 많다. 즉, 정보가 두 갈래로 갈라져 뇌에 전달되고 있는 것이다. 이런 장애 요소를 제거하고 정보가 눈에서 두뇌로 직접 입력될 수 있도록 단순화해야 한다.

장애 원인 2) 눈이 뻑뻑하기 때문이다

독서 행동을 자세히 관찰해 보면 눈동자가 끊임없이 좌에서 우로 움직이고 있다는 것을 발견할 수 있다. 실제로 옆에 있는 누군가에게 이 책을 3~4줄 읽게 하고 그 눈동자를 한 번 들여다 보라. 안구가 어떻게 움직이는가? 보다 보면 그 움직임이 독특하다는 것을 알 수 있다. 부드럽게 미끄러지는 것이 아니라, 툭 툭 툭 끊어지며 좌에서 우로 움직이는 것이다. 이 끊어짐 현상은 사람마다 매우 다양하게 나타나는데, 공통점을 뽑아보면 한 행을 읽는 데 4~5차례 멈추고 움직이는 동작을 반복한다는 것이다. 독서를 할 때 우리의 신체에 나타나는 이러한 현상은 안구 운동의 지속적인 반복 때문이다. 이런 활동은 우리 몸에 많은 부담을 준다. 대부분의 사람들이 책을 읽는 행위 자체를 부담스러워 하는 이유가 여기에 있다. 반대로 영상 매체인 TV나 영화 등은 누구라도 별로 힘들이지 않고 즐길 수 있는데, 우리가 안구를 부지런히 움직이는 것이 아니라 화면 자체가 움직이기 때문에 눈에 큰 부담을 주지 않기 때문이다.

여기에도 빈익빈 부익부 현상이 존재한다. 평소에 책을 즐겨 읽는 사람들은 안구를 움직이는 근육이 발달해서 독서가 점점 부드러워지는 반면, 책과 평소에 거리를 두고 사는 경우 안구를 회전하는 근육이 약해서 점점 더 책읽기가 어려워지는 현상이 반복되는 것이다. 책과의 거리에 상관없이 독서 습관 훈련을 통해 안구를 회전시키는 근육을 단련하면 독서 능력을 빠른 속도로 회복할 수 있다. 이를 '시선 집중 훈련'이라고 부른다. 이 훈련은 몸에 상당한 부하를 주기 때문에 하루에 딱 3분 정도만 훈련을 하도록 구성되어 있다. 비록 3분의 훈련이지만, 3주 이상을 꾸준히 지속하면 책을 읽을 때 윤활유가 스며드는 듯한 부드러움을 느낄 수 있다.

장애 원인 3) 두뇌의 정보 흡수 방식에 문제가 있다

세 번째 원인은 두뇌에 있다. 천천히 읽으면 잘 이해되고, 빨리 읽으면 이해가 급속도로 떨어질 것이라는 흔한 오해 때문이다. 어느 정도 일리가 있는 말이지만, 꼭 맞는 이야기는 아니다. 예를 들어, 느리게 읽어야 이해가 훨씬 잘된다는 논리가 옳다면 천천히 읽을수록 더 잘 이해되어야 한다. 한 번 이렇게 누가 이야기 한다고 가정해 보자.

세/번/째/ 원/인/은/ 두/뇌/에/ 있/습/니/다/. 흔/히/ 독/서/ 속/도/와/ 이/

해/력/의/ 관/계/에/서/ 오/해/하/는/ 것/이/ 있/습/니/다/. 천/천/히/ 읽/으/면/ 잘/ 이/해/되/고/, 빨/리/ 읽/으/면/ 이/해/가/ 급/속/도/로/ 떨/어/질/ 것/이/라/는/ 오/해/입/니/다/.

누가 만일 이런 식으로 또박또박 끊어서 읽는다면 이해가 잘 되기는커녕 너무 답답할 것이다. 그러면 이렇게 읽으면 이해가 잘 될까?

세 번째/ 원인은/ 두뇌에/ 있습니다./ 흔히/ 독서/ 속도와/ 이해력의/ 관계에서/ 오해하는/ 것이/ 있습니다./ 천천히/ 읽으면/ 잘/ 이해되고,/ 빨리/ 읽으면/ 이해가/ 급속도로 /떨어질/ 것이라는/ 오해입니다./

이번에는 단어 단위로, 즉 띄어쓰기를 한 곳에서 끊어 읽었다. 역시 누군가가 이렇게 끊어서 말한다면 듣는 이는 무언가 거북하고 불편할 것이다. 우리의 두뇌가 언어로 된 정보를 흡수할 때는 글자나 단어 단위 혹은 문장 단위가 아니라 독특한 단위로 끊어 읽기 때문이다. 학자들은 이것을 센스 그룹sense group 혹은 사고 그룹thought group, 의미 단위meaning unit 등으로 표현한다. 자, 이번에는 어떨까?

세 번째 원인은 / 두뇌에 있습니다. / 흔히 / 독서 속도와 / 이해력의 관계에서 /오해하는 것이 있습니다. / 천천히 읽으면 /잘 이해되고, / 빨리 읽으면 / 이해가 급속도로 떨어질 것이라는 / 오해입니다. /

누군가 윗 글을 이렇게 끊어서 낭독했다면 듣는 이들이 아주 편안하게 내용을 잘 파악해 가면서 들을 수 있다. 그래서 방송국의 아나운서나 연기자들은 스크립트를 놓고 열심히 사선을 쳐 가면서 의미 단위를 미리 표시해 둔다. 청취자나 청중들에게 자신의 대사를 잘 전달할 수 있도록 하기 위해서이다.

  독서 습관에도 이 원리를 동일하게 적용할 수 있다. 우리의 두뇌가 처리할 수 있는 의미 단위는 자생적으로 형성되어 있어서 특별한 훈련을 받기 전에는 2~3단어 정도에 머문다. 훈련을 통해 의미 단위의 범위를 한 번에 5~6단어, 7~8단어까지도 쏙쏙 머릿속에 들어올 수 있도록 쭉쭉 넓힐 수 있다.

④ 효율적인 독서를 위한 하루 3분 훈련

앞장에서 언급한 세 가지 장애를 극복하고 누구나 쉽게 습득할 수 있는 분당 1,000~1,500자의 독서 속도를 회복하기 위한 훈련 방법을 소개한다.

첫째, 읽을 때 혀를 고정한다
- 따라 읽는 것을 의식적으로 그만두기

입으로 따라 읽는 것을 방지하는 방법은 의식적으로 속으로 따라 읽는 것을 끊어버리려는 노력을 계속하는 것이다. 이때 혀를 살짝 고정시키는 방법을 사용하면 의식을 강화시킬 수 있다. 글을 읽을 때 이제부터는 혀끝을 살짝 치아로 깨물고 고정시키면서 눈으로만 정보를 받아들이겠다는 결단을 우리 몸에게 신호로 보내는 것이다. 이 방법은 매우 단순하지만 효과가 있다. 잊어버리지 않고 지속적으로 혀를 고정시키는 노력을 당분간 계속해야 한다. 이 원리를 깨닫는 것으로는 아무런 효과를 볼 수 없다. 지속적으로 자극을 받아야만 유지할 수 있다.

둘째, 시선 집중 훈련하기

책과의 관계가 가깝든 멀든 상관없이 독서 습관 훈련을 통해 안구를 회전시키는 근육을 단련하면 독서 능력을 빠른 속도로 회복할 수 있다. 이를 시선 집중 훈련이라고 부른다.

훈련 방법은 다음과 같다. 〈그림 11〉의 가상의 책(글자 대신 동그라미로 채워짐)을 눈동자를 움직이며 좌에서 우로 책 읽듯이 찬찬히 읽어 내려간다. 맨 마지막 줄 끝까지 다 읽고 다시 처음부터 읽어 내려간다. 이렇게 반복해 1분 동안에 몇 번 읽었는지를 체크해 기록한다. 1분씩 3회 정도 훈련하는 것이 좋은데 스마트폰의 카운트다운 기능을 이용하면 효과적이다.

이 훈련을 꾸준히 하면 책이나 웹 상에서 정보를 읽을 때 매우 부드럽게 읽혀지는 것을 깨닫는 순간이 오게 된다. 마치 수영을 처음 배울 때, 어느 순간 발차기와 팔 돌리기와 호흡이 자연스럽게 박자를 맞추는 경험을 하는 것처럼 '한 단계를 돌파하는' 느낌을 느낄 수 있다.

● 그림 11

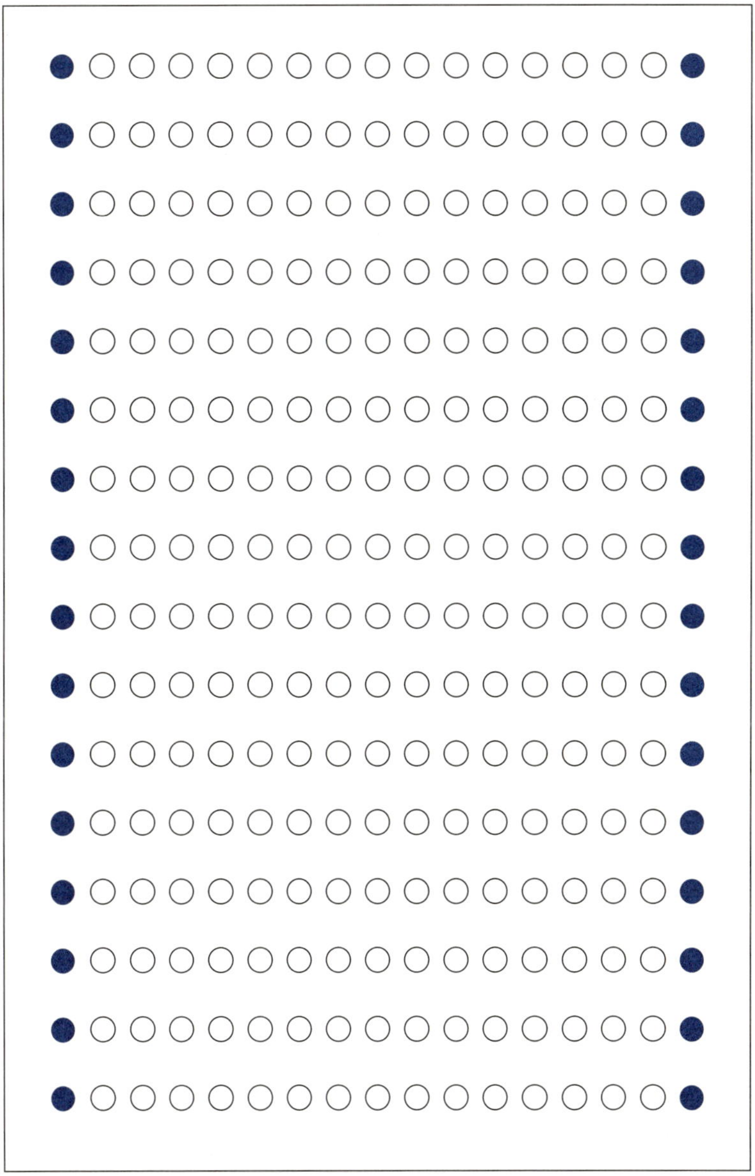

습관 4 뿌리 깊은 독서

셋째, 의미 단위 확장 훈련

훈련 방법은 비교적 간단하다. 앞에서 제시한 것처럼 속으로 따라 읽는 것을 방지하기 위해 살짝 혀를 고정시키고 매일 안구 훈련을 3분씩 실시한 다음에는, 책을 읽을 때 무조건 펜을 들고 사선을 치면서 읽는 것이다.

사선은 어떻게 치면 될까? 본인이 한 번에 이해할 수 있는 범위로 끊어서 표시하면 된다(개인차가 있다). 유의해야 할 점은 사선을 치는 박자이다. 8분의 6박자로 시작하는 게 좋다. 즉 일정한 속도로 착/ 착/ 착/ 이렇게 사선을 쳐야 한다. 박자가 혼합되면 곤란하다. 즉, 착/   착/ 착/ 착/   착/ 착/착/ 이런 식으로 하면 곤란하다는 것이다. 규칙적이고 일정한 속도를 유지하면서 한 눈에 들어오는 범위만큼(이해되는 최소한의 범위만큼) 사선을 규칙적으로 치면서 글을 안구에서 머리로 바로 받아들이는 연습을 해 나간다. 어디에서 끊어야 할지 망설이지 말라. 조금 틀리더라도 상관 없다. 영 엉뚱한 곳에 사선이 쳐져도 관계없다. 과감하게 내용을 파악하는 데 집중하면서 사선을 치면 된다.

조금 익숙해지면 한 번에 칠 수 있는 사선의 범위가 조금씩 늘어난다. 즉, 한 박자에 흡수하는 정보의 양이 조금씩 늘어나는 것이다. 한 박자에 2~3단어를 소화하던 두뇌가 같은 박자에 4~6단어를 흡수하면 속도가 2배로 증가된 것이다. 이쯤 되면 시선 집중 훈련을 통해 쌓은 내공이 독서에 직접적인 영향을 줄 것이다. 요컨대 시선 집중 훈련은 지치지 않고 집중력 있게 독서를 유지할 수 있는 힘을 주고 두뇌 집중을 위한 사선 치기 훈련은 정확하게 이해하면서 정보를 흡수하는 힘을 키워준다.

⑤ 지식의 냉장고와 1-10-100 독서법

지식의 냉장고를 준비하라

독서 습관에서 연간 몇 권의 책을 읽는가도 중요하지만, 어떤 책을 읽는가도 점검해야 할 중요한 항목이다. 인간에게 필요한 영양소는 하루 30종이라고 한다. 우리는 그 영양소를 균형 있게 섭취하기 위해 다양한 식품을 필요로 한다. 어느 집에 들어가 보아도 냉장고가 없는 집은 없다. 냉장고를 열어보면 그 안에 온갖 종류의 야채, 고기, 과일, 조미료, 음료수, 달걀, 채소 등이 들어 있다.

그런데 만약에 냉장고에 채소만 가득하다든지 혹은 육류로만 채워져 있다든지 하면 그 재료로 만든 음식을 섭취하는 가족들은 영양 불균형 때문에 건강에 적신호가 생길 것이다. 건강을 위해서 하루 세 번

거르지 않고 골고루 영양을 섭취하듯 우리의 지적, 정서적 성장을 위해서는 영혼의 영양소를 다양하게 섭취해야 한다. 이를 위해 우리에게 필요한 것은 영혼의 냉장고, 즉 잘 설계된 자신만의 책장이다.

전문성을 높이기 위한 서적이나 자기계발서, 영혼의 안식과 정서적 풍요로움을 채워줄 시집이나 소설 등의 문학작품, 인간의 근원적인 문제에 대한 문제제기와 그 해답을 제시하고 있는 인문고전 등 나의 지식의 냉장고에 어떤 종류의 책들이 필요한지를 꼼꼼하게 따져볼 일이다.

효율적 수평 독서를 위한 1-10-100 독서법

읽은 책을 얼마나 효율적으로 내재화하는지가 독서의 핵심이다. 닥치는 대로 읽고 남는 것이 없다면 좋은 독서 방법이 아니다. 읽은 책을 내면의 지식으로 쌓아 저장해 두었다가 적재적소에 꺼내어 잘 사용하는 지식의 선순환이 필요하다. 효율적이고 편중되지 않는 독서를 위해서 1-10-100 독서법을 소개한다.

한 권의 책을 읽고, 1장의 페이퍼로 요약한 다음, 10페이지 정도의 파워포인트로 세부사항을 정리한 후, 그 내용을 총 100명 정도의 사람들에게 전달하는 것이다.

요약·정리하는 과정을 통해 핵심을 정확하게 이해할 수 있고, 다른 사람들과 그것을 나눔으로써 좀더 전문적인 지식 습득의 상태에 가까이 갈 수 있다. 가장 잘 배우는 것은 가르치는 것이라고 하듯이 독서 과정에서 이해되지 않은 부분이나 놓쳤던 것을 10페이지의 파워포인트로 정리하는 과정에서, 그리고 그것을 여러 사람들과 나누면서 보완할 수 있다.

물론 모든 책을 1-10-100 독서법으로 접근할 수는 없겠지만 적어도 자신의 전문분야나 관심분야의 독서는 이렇게 해 볼 필요가 있다. 이것은 적극적이고 주도적인 책읽기로써 지식 소비자에서 지식 생산자로 도약하는 시발점이자 자료 수집에도 효과가 큰 방법이다.

6
인생의 근본 토양을 갈아엎는 인문고전 수직 독서

여기 오토마톤의 삶을 거부하고 자신의 인생 자체를 근본부터 갈아엎은 입지전적인 한 인물을 소개한다.

먹어 본 사람은 누구나 눈물을 흘리며 절로 감탄사를 연발하는 '맛의 조각품' 같은 사과가 있다. 일본 아오모리 현, 기무라 아키노리 씨가 생산하는 사과는 도쿄 레스토랑 '야마자키'의 주방장이 우연히 발견한 일화로 유명해졌다. 기무라의 농장에서 구입한 사과를 반으로 갈라 냉장고 위에 방치했는데 2년이 지나도록 썩지 않고 달콤한 향을 내뿜으며 조그맣게 오그라든 상태로 있는 것을 보고 놀라 '기적의 사과'라는 이름을 붙인 것이다. 이 사과로 만든 수프는 예약이 꽉 차 있어 1년을 기다려야 먹을 수 있는 인기 메뉴다.

19세기에 농약이 발명된 이후 인류는 좀더 크고 달고 맛있는 사과로 품종을 개량하는 데 많은 노력을 기울였다. 하지만 사과가 크고 달콤해질수록 벌레들도 더 필사적으로 사과나무를 공격하였고, 사람들은 방어를 위해 좀 더 강력한 농약을 뿌리게 되었다. 이 악순환의 고리는 결국 농약을 안 쓰면 그 누구도 사과밭을 유지조차 할 수 없는 지경에까지 이르렀다.

용기를 낸 누군가는 무농약으로 사과를 재배했다가 평년의 10% 밖에 수확하지 못하는 참담한 결과를 얻었다. 더 무서운 것은 사과나무들이 다음 해에 꽃을 피우지 못해 당연히 열매도 맺을 수 없게 된 것이다. 즉 무농약 재배를 2년간 계속하면 사과 수확은 제로가 된다는 것이 사과 농장주들에게는 정설이 되었다.

그런데 일본의 한 시골에 돈키호테 같은 농부 한 사람이 등장한다. 기무라 아키노리. 그는 이렇게 고백한다.

"하나같이 사과 무농약 재배는 불가능하다고 말했어. 어느 누구도 성공한 사람이 없었다는 거지. 하지만 아무도 해 본 적이 없는 일에 도전한다는 생각만으로도 내 가슴은 요동쳤다네."

원래 그는 농약을 철저하게 신뢰했던 농부였다. 농협에서 표창을 받을 정도로 방제 달력에 따라 온갖 농약을 성실하게 살포했던 기무라는 농약을 뿌린 뒤에는 어김없이 아내가 일주일씩 앓아 눕는 것을 보고 위기의식을 느꼈다. 그러던 중 대책을 찾기 위해 동네 서점에서 책을 뒤지다가 실수로 잘못 건드려 서가에서 툭 떨어진 후쿠오카 마사노부의《자연농법》이란 책을 마치 계시처럼 접하게 되었다.

'아무것도 안 하는, 농약도 비료도 안 쓰는 농업'

표지에 쓰여진 이 글에 완전히 매료되어 기무라는 정신 없이 책을 읽어 내려갔다. 그 결과 농약이 없으면 병이나 벌레로부터 사과를 지켜낼 수 없다는 기존의 상식에 의문을 품기 시작했고 곧 단호하게 결단을 내렸다. 연간 13차례 주기적으로 치던 농약을 서서히 줄여 결국 완전히 끊은 것이다. 그 후 기무라 가족들은 매일 벌레와의 전쟁에 돌입해 아침 일찍부터 밤까지 장인, 장모, 부인과 본인이 나무에 매달려 한 손에 비닐봉지를 꿰고 벌레를 잡았다. 평균 한 나무에 세 봉지가 잡힐 만큼의 엄청난 해충과 싸우는 일 외에 병 예방을 위한 식초뿌리기로 혼신의 힘을 다했지만 서서히 나무는 시들고 뿌리는 흔들거리고, 이듬해 봄이 되어도 잎이 나지 않고 꽃도 피지 않는 지경에 이르렀다. 기무라는 이렇게 회상한다.

"이상한 소리로 들릴지도 모르지만, 사과 무농약 재배가 그리 만만하게 뜻대로 되는 일이 아니란 걸 깨닫자 갑자기 의욕이 솟구쳤지."

생활은 궁핍해졌고 결국 그의 6만 평 사과밭에는 나무마다 온통 빨간 딱지가 붙어 빚더미에 앉게 되었다. 도전 5년 만에 '가마도케시'(파산자)가 된 기무라는 포기하고 농약을 쓰면 그만일 뿐이었지만 끝내 포기하지 않았다. 그는 포기 대신 오히려 죽음을 선택한다. 한 번 결심한 것을 포기하고 타협할 것을 생각하니 갑자기 삶의 의미가 완전히 사라져버린 것이다. 죽음이라는 탈출구를 바라보자 한결 마음이 편안해졌다고 한다.

목을 매어 자살하기 위해 마을에 있는 깊은 산속으로 몇 시간을 올라가 큰 나뭇가지에 밧줄을 던지다가 기무라는 신비로운 환상을 보게 되었다. 그 외지고 깊은 골짜기 한 모퉁이에 커다란 사과나무 한 그루가 정말 탐스러운 열매를 주렁주렁 맺고 있었던 것이다.

정신을 차리고 자세히 보니 그것은 도토리나무였다. 산속에서 농약 한 방울 뿌리지 않았음에도 그토록 건강하고 튼실한 열매를 맺는 것을 보고 기무라는 번쩍이는 영감을 얻었다. 미친 듯이 도토리나무의 뿌리 부분을 두 손으로 파헤치기 시작했다. 거기에 기무라가 그토록 찾아 헤매던 무농약 재배의 놀라운 비결이 감추어져 있었다.

자신이 자살하기 위해 산에 갔다는 사실조차 잊어버린 채, 그는 단숨에 산을 뛰어 내려와 자신의 밭을 파헤쳐 산속 도토리나무가 자라던 곳의 토양과 비교를 해 보았다. 아니나 다를까! 그의 밭 토양은 산속의 그것과는 달라도 너무 달랐다. 흙은 죽어 있었고, 사과나무 뿌리들은 허옇게 병든 모습이 완연했다. 산속 도토리나무가 심어진 토양의 코를 톡 쏘는 그 향긋함, 풋풋함, 풍요로움은 사과밭의 토양 어디에도 찾아볼 수 없었다.

'어떻게 하면 사과밭을 산속의 풍부한 토양처럼 변화시킬 수 있을까?'

기무라는 또 다시 3년을 미친 듯 닥치는 대로 책을 읽으며 실험을 시작했다. 사과밭의 척박한 토양을 산속의 풍부한 토양으로 바꾸기 위해 자신의 밭을 완전히 쑥대밭으로 만드는 역설적 실험을 거듭했던 것이다. 6만 평 사과밭에 온통 잡초가 무성하게 자라면서 토양 속에 영양이 공급되기 시작했고 밭에는 새로운 생명체들이 하나 둘 나타났다. 메뚜기가 나타나고 개구리가 울어대고 지렁이가 기어 다니며 가끔 뱀이 출몰하기 시작했다. 한 해 두 해가 거듭 지나며 그의 사과농장에는 흡사 큰 섬과 같은 거대한 독립적 생태계가 조성되기 시작했다.

무농약 재배에 도전한지 8년째 되는 해. 다 죽어가던 사과나무에서 일곱 송이의 하얀 사과꽃이 다시 피어나는 기적이 일어났다. 6만 평 사과밭의 한 모퉁이에 피어난 일곱 송이 꽃. 그것은 사과 농법의 새로운 혁명을 예고하는 신호탄이었다.

드디어 9년째 봄. 밭은 온통 새하얀 사과꽃으로 뒤덮이고 그해 가을, 처음으로 탁구공만한 크기의 사과들이 맺히기 시작하면서 기적의 사과가 모습을 드러내게 된다. 9년 동안의 모진 고생이 드디어 결실을 맺은 것이다.

1991년 가을, 태풍이 아오모리 현을 휩쓸어 사과 농가들이 치명적인 피해를 입는 사건이 발생했다. 대부분의 농장은 거의 모든 사과가 떨어졌고 심지어 나무가 뿌리 채 뽑혀 바람에 넘어가는 피해를 입은 농장도 적지 않았다. 아오모리 현 내의 사과 피해액만 8천억 원에 가까웠는데 놀랍게도 기무라 씨의 밭은 피해가 아주 가벼웠다. 그토록 거센 바람이 불었는데도 80% 이상의 열매가 그대로 가지에 붙어 있었던 것이다. 물론 기무라의 사과나무는 한 그루도 뽑히지 않았다. 뿌리가 보통 사과나무보다 몇 배 깊이 뻗어 있었기 때문이다. 그의 사과나무들은 땅속으로 무려 27미터까지 뿌리를 내리고 있었다고 한다. 뿐만 아니라 가지와 열매를 연결하는 꼭지가 다른 나무보다 훨씬 두껍고 단단했다.

농약으로 쉽게 해충을 퇴치하려는 유혹을 뿌리치고 9년에 걸쳐 자신의 밭 자체를 사과나무 스스로 존속 가능한 완벽한 생태계로 만든 위대한 노력의 결과가 이렇게 장엄하게 드러났다. 기적의 사과가 생산되기 시작한 2000년 이후부터는 무슨 까닭인지 대표적 해충인 자벌레가 그 모습을 완전히 감추었고 손목에 비닐봉지를 걸고 벌레를 잡는 작업도 필요 없어졌다. 생태계 조성이 끝난 것이다. 기무라의 밭은 외부의 도움이 전혀 없이도 2천여 종의 생물이 함께 뒤범벅이 되어 살면서 완전한 먹이사슬을 구축하였고 생태계 스스로가 자동화 시스템으로 해충을 퇴치함으로써 사과나무가 완벽하게 자라날 수 있는 상태로 변했다.

나는 기적의 사과밭을 이룬 기무라 아키노리의 이야기를 들으며 우리 인생에도 이런 근본적인 토양의 갈아엎음이 필요함을 절감했다. 농약을 끝없이 뿌려줘야 생존할 수 있는 사과 농장의 현실처럼 비교와 경쟁을 반복하며 '이게 아닌데, 이게 아닌데……' 무언가 결핍된 가운데 하루하루 버텨야 하는 우리 삶에 근본적인 변화가 필요하고 이 변화를 이루기 위해서는 표피적인 해결책으로는 어림도 없다고 생각한다. 보이지 않는 땅속 깊은 곳의 생태계에 근본적인 변화를 일구기 위해 기무라가 9년 이상의 시행착오를 겪으며 투자하고 노력했던 것처

럼, 우리의 사고계 내에 지금과는 전혀 다른 내면의 토양, 즉 생각의 영역에 근본적인 변화를 이루어야 하는 것이다.

　그 동안 받아왔던 교육이 우리를 속여왔다. 그 동안 읽어왔던 수많은 책들은 마치 농약을 친 사과처럼 읽고 나면 달콤한 열매를 보장해 줄 듯 했지만 근본적인 삶의 변화를 가져다 주지 못했다. 더 독한 농약이 필요한 사과밭처럼 더 강렬한 자극이 들어오지 않으면 움직이지 않도록 우리 스스로를 길들여온 것은 아닐까 의심해 보아야 한다.

　모름지기 독서란, 우리의 사고계를 혁명적으로 변화시키는 것이어야 한다. 생각의 영역을 마비시켜 우리의 인생을 자신들의 기득권 유지를 위한 도구로 전락시키려는 지배층의 간교한 술책을 갈아엎는 것이어야 한다. 시류만을 뒤쫓는 독서로는 이런 힘을 갖는 것이 불가능하다. 기무라가 땅 위를 바라보고 끝없이 벌레를 퇴치하기 위해 몸부림을 쳤지만 아무런 성과도 거둘 수 없었던 것처럼, 이제 우리의 독서 습관도 땅 아래 저 깊은 곳을 보아야 하는 지점에 도달했다. 고만고만한 저자들이 써서 유통시키는 얕은 책들 속에서 갈피를 잡지 못하고 헤매는 수평 독서에서 한 걸음 더 나아가야 한다.

　기무라가 깊은 산속에서 도토리나무의 환상을 보고 인생의 극적인 패러다임을 전환했던 것처럼, 우리의 독서도 이제는 패러다임을 바꾸어야 한다. 수직적 독서, 짧게는 100~200년, 길게는 500~1000년 동안의 세월 동안 생명력을 유지하고 사라지지 않은 불변의 진리를 담고 있는 책의 세계로 손길과 눈길을 돌려야 할 때가 된 것이다.

그것이 바로 고전의 세계이다. 특히 문학과 역사와 철학의 고전인 인문고전으로 눈길을 돌려야 한다. 비록 한 페이지를 읽어 나가기조차 힘겹고 눈물이 쏙 나도록 고통스럽지만 기무라가 걸었던 길을 우리도 묵묵하게 걸어야 한다. 인류의 역사 가운데 수백 년 혹은 천 년 이상 도도하게 빛을 발하는 천재들의 저작, 그들의 책인 인문고전의 세계로 우리의 독서 지평이 깊어져야 한다. 사고계를 뒤흔드는 뿌리 깊은 독서로 우리의 생각을 근본부터 갈아엎자.

7
뿌리 깊은
수직 독서의 위력

기적의 사과밭을 일구듯, 3류 대학이라는 자신의 불명예를 깨끗이 날려버리며 기적의 대학을 일군 인물이 있다. 바로 로버트 허친스Robert Maynard Hutchins 총장이다. 그는 1890년 설립되어 별 볼 일 없는 대학으로 40년 가까이 고전을 면치 못하던 시카고 대학의 5대 총장으로 부임한 이후, 혁신적인 독서 프로그램을 도입한다. 일명 그레이트 북스 프로그램으로 일컬어지는 이 프로그램은 각 분야의 인문고전 100권을 엄선해 시카고 대학의 전 학생들에게 4년 동안 읽히고 암기하게 하고 토론하게 하고 필사하게 하는 것이었다. 그 결과는 놀라웠다. 마치 기적의 사과가 맺히듯, 시카고 대학 동문들 중에서 노벨상 수상자들이 갑자기 급증하기 시작한 것이다. 시카고 대학에서 100권의 인문고전 독서 프로그램을 시작한 이후 70년 동안 배출된 노벨상 수상자는 무려 68명에 이른다. 거의 1년에 한 명 꼴로 노벨상 수상자를 배출한 셈이다. 위대한 사고계의 혁명이 기적처럼 일어난 대표적인 사례이다.

앞에서 유대인들의 교육을 '루트 앤 윙Root and Wing'이라고 표현했었다. 우리가 익히 알고 있듯이 그들은 이미 수천 년 전부터 뿌리 깊은 독서의 위력을 알고 다음 세대들에게 철저하게 수직적 독서의 중요성을 강조해 탁월한 열매들을 거두고 있다. 유대인의 노벨상 수상자는 인구 10만 명 당 1명 꼴이라고 하지 않던가.

우리의 사고계가 인류 역사의 천재들이 남긴 저작과 만날 때 벌어지는 이 놀라운 현상은 시카고 대학이나 유대인들에게만 해당하는 일이 아니다.

대학교육 평가 전문가인 로런 포프에 의하면 미국에서 가장 지성적인 대학으로 세인트 존스를 꼽는다. 세인트 존스? 참 낯선 대학이 아닐 수 없다. 이 학교의 입학생들은 지극히 평범한 아이들이다. 하버드나 예일, 스탠포드 대학이 고교시절부터 날고 기는 명문 가문의 자녀들, 전체 0.1% 이내의 수재들을 싹쓸이해 명맥을 이어가는 것과는 전혀 다르다. 세인트 존스 입학생 중에서 상위 10%에 드는 아이들은 30%가 채 되지 않는다. 쉽게 말해 누구나 들어가기 편한 3류 대학인 셈이다. 그런데 이 아이들이 4년의 교육과정을 거치면 무섭게 돌변한다.

이 아이들이 4년을 마치고 졸업할 무렵에는 미국에서 가장 유명한 장학제도인 로즈 장학생Rhodes Scholar에 가장 높은 비율로 선발되고 저명한 학자의 길로 접어드는 일이 속속 벌어지고 있다. 4년 동안 세인트 존스에서는 무슨 일이 벌어지는 것일까? 이 역시 뿌리 깊은 수직 독서에 해당하는 인문고전 독서가 그 비결이다. 세인트 존스 대학에서는 다른 교양과정 커리큘럼이 없고 오직 100권의 인문고전 독서와 토론이 4년 커리큘럼의 전부이다.

한국에서의 사례도 있다. 단국대학교 이해명 교수가 그 좋은 예이다. 그는 초등학생 아들에게 《논어》와 《맹자》를 직접 가르쳤다. 그리고 중학교 내내 직접 선정한 인문고전을 읽게 했다. 구체적으로 다음과 같이 했다고 한다.

– 초등학교 5~6학년 때

《명심보감》, 《논어》, 《맹자》의 한문 원전을 필사하면서 외우는 방식으로 읽혔다.

– 중학교 때

장자의 《장자》, 사마천의 《사기열전》, 호메로스의 《일리아스》와 《오디세이아》, 볼테르의 《영국인에 관한 서한》, 에드워드 기번의 《로마제국 쇠망사》, 애덤 스미스의 《국부론》 등을 원서로 읽혔다.

– 고등학교 때

플라톤의 《국가》, 아리스토텔레스의 《정치학》, 마키아벨리의 《군주론》, 루소의 《사회계약론》, 셰익스피어의 희곡집, 괴테의 《파우스트》, 마르크스의 《자본론》, 프로이트의 《꿈의 해석》 등을 원서로 읽혔다.

이해명 교수에게는 지능지수가 같은 두 아이가 있다. 미국에서 박사학위를 따느라 바빠서 첫째 아이는 평범하게 교육했고, 이후 한국으로 돌아와 단국대 사범대학교 교수로 임용되면서 여유가 생기자 둘째에게 인문고전 독서 교육을 포함한 특별 교육을 시켰는데, 영어와 학력 면에서 둘째가 월등한 능력을 갖추게 되었다고 한다.

⑧ 수직적 인문고전 독서에 목숨을 걸어라

왜 인문고전 독서가 우리의 사고계를 근본적으로 바꾸는 최고의 솔루션일까? 앞에서 언급한대로 고전이라 함은 역사를 통해 검증이 끝난 책 중의 책을 의미한다. 지금 우리나라에는 1년에 약 4만 종 가량의 신간 서적들이 출간된다. 이를 하루로 환산해 보면 약 115종의 새로운 책들이 매일 쏟아져 나오고 있다는 이야기다. 일주일이면 약 800종의 새로운 책들이 이 세상에 태어난다. 그 중 대부분은 서점에 제대로 비치되지도 못한 채 그대로 반품되는 운명을 맞는다. 극소수의 책들만이 서가의 한쪽 모퉁이에 자리를 잡고, 그나마 독자의 손길이 뜸하면 즉시 생명이 끝나고 만다. 하루에 115종씩 쏟아지는 책의 홍수 가운데 1년 넘게 버티는 책은 과연 몇 종이나 될까? 0.1%도 채 되지 않는다. 그것이 혹독한 검증의 과정이다. 수평 독서가 위험한 이유가 여기에 있다. 한때 베스트셀러가 되어 많은 사람들의 손에 오르내린 책이라 해도 세월이 흐르면 많은 문제점을 드러낼 수 있는 것이다.

앞에서 언급한 세계적인 저널리스트 다치바나 다카시의 경우, 역사가 일천한 몇몇 책들을 일본의 문화계가 고전으로 이름 붙이는 것에 대해 심한 거부감을 드러낸다. 100년의 세월을 버티며 꾸준히 독자들의 사랑을 받은 책들도 아직 고전이라 이름 붙이기에는 위험하다는 것이다. 옳은 지적이다. 최소 200년 이상의 역사를 지나며 검증된 책들, 나아가 천년 이상의 세월 동안 인류의 삶에 지대한 영향을 끼쳐온 책들을 고전이라 부르며 이를 선택하여 수직 독서를 하는 것이 안전하다.

그렇다면 인문humanities이란 무엇을 말하는가? 대표적으로 문학, 역사, 철학 이 세 범주의 고전들을 인문고전이라고 일컫는다. 왜 문학과 역사와 철학의 고전을 읽어야 할까?

먼저 철학을 생각해 보자. 나는 개인적으로 철학을 현미경이라고 즐겨 표현한다. 눈으로는 제대로 보이지 않는 사물의 실체들이 현미경을 통해 들여다 보면 아주 미세한 세포의 구성까지 상세히 보이지 않는가? 전자 현미경의 성능이 높아질수록 우리가 관찰할 수 있는 미시 세계의 영역은 더욱 섬세해진다.

《행복은 철학이다》라는 책으로 우리에게 알려진 에이나 외버랭겟이라는 인문학자는 철학의 반대개념을 '마술'이라고 표현한다. 마술은 온갖 기계장치와 마술사의 빠른 손놀림 등의 과학적 방법을 동원해 사람들의 눈을 속여 흥미로운 장면들을 연출하는 예술이다. 반면에 철학은 삶에서 벌어지는 온갖 무대장치와 사건들을 꼼꼼하게 관찰하고 현미경으로 들여다 보듯이 분석하며 그 모든 것의 본질이 무엇인지, 어떤 인과관계로 그런 결론에 도달하게 되는 것인지를 끊임없이 질문하고 또 질문해 궁극의 원리를 캐내는 학문이기 때문이다.

철학이라는 학문이 추구하는 바가 그런 것이라면, 철학의 고전은 어떠한가? 온갖 가지들을 다 쳐내고 수백 년 동안 검증에 검증을 거쳐 증명된 책이 아닌가. 철학 고전이 우리 사고계에 불러 일으킬 혁명은 쉽게 짐작할 수 있다. 비록 한 페이지를 넘기기 어렵고, 한 줄 읽을 때마다 절망의 한숨이 터져 나온다 할지라도, 천재들이 던지는 문제의 화두를 붙잡고 씨름하는 과정에서 우리의 두뇌가 그 동안 얼마나 오토마톤되고 무디어졌는지를 통렬하게 반성하게 된다.

포기하지 않고 철학 고전과 씨름하는 사이에 시카고 대학의 학생들에게 일어난 변화들이, 유대인들에게 일어난 변화의 기적들이, 세인트 존스 대학의 평범한 아이들에게 벌어진 놀라운 각성들이, 이해명 교수의 아이가 경험했던 사고계의 혁명이 바로 나 자신에게도 일어날 것이다. 철학 고전은 질문하게 하는 힘을 준다. 아무 생각 없이 세상 흘러가는 대로, 사는 대로 생각하던 삶에 정신적인 충격을 가하면서 생각대로 살아가라는 경고의 메시지를 계속 던지며 삶에 끊임없이 "왜?" 라는 질문을 던질 수 있도록 이끈다.

역사의 고전은 어떠한가? 철학 고전이 삶의 원리와 방식에 대한 본질적 질문을 하게 해주는 도구라면, 역사 고전은 그 원리와 본질들이 실제 인간의 삶에서 어떻게 작동했는지를 바라보게 한다. 즉 정치와 외교와 문화와 삶에서 인류가 어떤 시행착오들을 겪으며 살아왔는지를 생생한 기록으로 남긴 것이 역사 고전이다. 철학 고전을 통해 삶의 원리와 본질을 선명하게 이해한 후에는 실제로 삶의 현장에서 벌어진 사건들을 정리한 역사 고전을 읽으면서 다양한 간접 경험들을 생생하게 느낄 수 있다. 입증된 역사의 결과들이 사고계의 지평을 통해 활짝 열리면 생각의 폭이 넓어질 수밖에 없지 않겠는가.

문학의 고전은 쉴 새 없이 쏟아지는 스토리의 홍수에 빠진 우리에게 가장 본질적인 이야기의 원형을 제공해 준다. 문학은 인간이 상상할 수 있는 모든 것들의 총체적 결과물들이다. 문학 고전을 읽음으로써 우리 두뇌의 무딘 상상력은 껍질을 깨고 날카롭고 예리하게 확장되며 깊어지고 높아지게 되는 것이다.

상상력의 최고봉하면 떠오르는 애플의 스티브 잡스는 인문고전에 푹 빠져 살아왔던 인물이다. 그가 다녔던 리드 대학은 인문고전 독서가 잘 짜여진 Top 5에 해당하는 대학이었고 그는 대학시절 접했던 인문고전 독서로 상상력을 키워왔음을 누누이 고백했다. 심지어 자신이 소크라테스와 한 끼 점심 식사를 나눌 수만 있다면, 자신의 전 재산을 다 바쳐도 좋다고 말할 정도로 수직적 인문고전 독서의 중요성을 절감했다.

요컨대, 인문고전 독서는 우리의 사고계를 급진적으로 변화시켜 생각하고 상상할 수 있는 힘을 준다. 그런데 한 가지 문제가 있다. 어렵다는 것이다. 기적의 사과가 눈물이 쏙 날 정도로 달콤하고 맛있는 것처럼 인문고전이 주는 열매가 얼마나 좋을지를 상상하기는 어렵지 않지만, 인문고전 독서의 세계에 뛰어드는 일에는 마치 기무라 아키노리가 9년간 피눈물 흘리며 목숨을 걸고 (죽음까지 생각하며) 덤벼들었던 것과 같은 도전 정신이 필요하다. 그래서 습관을 만드는 것이 매우 중요하다. 누구나 매력을 느끼지만 아무나 성공할 수 없는 인문고전 독서의 세계에 도전해 골리앗처럼 우리 앞에 거만하게 버티고 있는 이 세상에 다윗의 물맷돌을 날려 보내는 사람들이 점점 늘어나기를 소망해 본다. 다음 챕터에서는 어떻게 수직적 인문고전 독서를 내 것으로 만드는지를 함께 생각해 보자.

9

12년을 투자해
인문고전 100권에 도전해 보자

변화를 이뤄내는 데는 3가지 요소가 필요하다. 첫째는 당위성과 중요성을 깨닫는 것이다. 수직적 인문고전 독서가 중요하다는 것을 깨닫는 것이 이 단계가 될 것이다. 이는 훌륭한 피아노 연주자의 음악을 감상한 후에 피아노 연주가 얼마나 인간의 삶을 풍요롭게 하는지를 온몸으로 느끼는 것과 흡사한 과정이다. 그런데 감동적인 피아노 연주를 듣는다고 해서 한 번도 피아노를 쳐 보지도 않은 사람이 즉각 피아노를 칠 수 있는 것이 아닌 것과 마찬가지로, 인문고전 독서가 중요하고 필요함을 깨닫는 것으로는 아무런 변화도 일어나지 않는다.

변화의 두 번째 요소는 소위 '커리큘럼'이라고 하는 단계이다. 피아노를 훌륭히 연주해 타인에게 감동을 줄 수 있는 단계를 100, 전혀 피아노를 접하지 않았던 사람의 단계를 0으로 표현한다면, 100의 단계에 도달하기 위해서는 0에서 1을 거쳐 2로 올라가고, 3에서 10으로, 10에서 50으로 나아갈 수 있도록 섬세하게 설계된 계단이 필요하다. 인문고전 독서도 마찬가지다. 현재 내 상태가 2~3 정도에 머물러 있다면 이 단계를 서서히 끌어 올려 60~70의 단계로 발전할 수 있도록 섬세하게 설계된 장치가 필요하다.

변화의 마지막 요소는 사람이다. 아무리 잘 짜여진 '커리큘럼'을 전해준다 하더라도, 그것을 쉽게 이뤄낼 수 있는 사람은 거의 없다. 물끄러미 커리큘럼을 바라보다 보면 한숨만 나올 뿐이다. 지속적으로 누군가가 이끌어주고 동기를 부여해 주어야 하는데, 이는 오직 사람으로부터만 나올 수 있는 신비로운 에너지다. 그런데 이 사람이 누구냐가 매우 중요하다. 수직 독서에 대한 경험이 없는데도 불구하고 관련 서적을 통해 수직 독서가 좋다는 것에 잔뜩 가슴이 뜨거워진 학부모가 있다고 가정해 보자. 인문고전 독서를 어떤 단계로 하면 좋을지에 대한 자료와 커리큘럼은 누구나 간단히 구할 수 있다. 서울대 선정 100권도 있고 시카고 대학의 그레이트 북스 프로그램을 참조하거나 세인트 존스, 리드 대학 등의 커리큘럼을 리서치해 볼 수도 있을 것이다. 최근에는 《리딩으로 리드하라》, 《고전혁명》 등의 책으로 수직 독서 붐을 일으키고 있는 이지성 작가가 노력 끝에 만든 커리큘럼도 있다.

문제는 인문고전 독서에 대해 피끓는 체험이 없는 학부모가 단지 원리와 커리큘럼이 좋다고 해서 덜컥 이 일을 자신의 자녀에게 강요하는 순간 심각한 부작용이 일어날 수 있다는 것이다. 수직 독서, 즉 인문고전 독서를 통해 우리의 사고계를 기적의 사과밭으로 일구는 작업은 만만한 일이 아니다. 10년 정도의 기간에 매일 1~2시간 정도를 투자할 매우 단단한 결심이 필요하다. 비용도 많이 든다. 자신에게 적절한 도전을 줄 지도자나 공동체를 찾는 일부터 비용이 발생하고 또한 인문고전 도서 구입에 투여해야 할 비용도 만만치 않다. 권당 2~3만원은 기본이다. 그러니 인문고전의 세계에 발을 들여 놓기 위해서는 초기에 어느 정도 자신에게 투자할 각오를 해야 한다. 세상에 투자하지 않고 수확이 가능한 영역은 없다. 더욱이 근본적으로 자신의 습관을 변화시키거나 극히 어려운 인문고전 독서를 내 것으로 만드는 일에는 왕도가 없는 법이다.

필자는 이 책을 준비하며 〈한국인문고전 독서포럼〉이라는 기관을 설립했다. 성공하는 한국인의 7가지 습관을 체질화하고, 그 열매인 수직 독서라는 무기를 통해 기적의 사고계를 구축할 수 있도록 서로 스크럼을 짜서 독려하고 자극하며 함께 한 계단씩 밟아 올라갈 수 있는 깨어있는 자들의 공동체를 꿈꾸기 때문이다. 목숨을 걸고 자신의 삶을 바꾸고 싶은 열정으로 가득한 소수의 사람들을 모아 이 포럼을 진행할 예정이다. 적어도 10년의 시간을 성실하게 투자해 자신의 삶에 혁명적 변화를 일으키기를 꿈꾸는 사람들의 도전을 기다린다. 구체적인 참여 방법은 이 책의 맨 뒤에 소개되어 있다.

이 포럼을 통해 함께 읽어 나가고자 하는 책들의 목록 일부를 소개하면 다음과 같다.

철학
....

《명심보감》 추적 엮음

《소크라테스 이전 철학자들의 단편 선집》 탈레스 외

《논어》 공자

《장자》 장자

《최고선악론》 마르쿠스 툴리우스 키케로

《고백록》 아우렐리우스 아우구스티누스

《신학대전》 토마스 아퀴나스

《국부론》 애덤 스미스

《군주론》 마키아벨리

《맹자》 맹자

《성학집요》 이이

《관자》 관중

《자성록》 이황

《노자》 노자

《소크라테스의 변명》 플라톤

《손자병법》 손무

《국가, 정체》 플라톤

《도연명 전집》 도연명

《범주론, 명제론》 아리스토텔레스

《정치학》 아리스토텔레스

외 다수

역사

《플루타르크 영웅전》 플루타르코스

《사기 본기》 사마천

《사기 열전》 사마천

《삼국지》 나관중

《갈리아 전쟁기》 율리우스 카이사르

《로마제국 쇠망사》 에드워드 기번

《요세푸스》 플라비우스 요세푸스

《내란기》 율리우스 카이사르

《발해고》 유득공

《역사》 헤로도토스

《규원사화》 북애

《삼국사기》 김부식

《펠로폰네소스 전쟁사》 투키디데스

《고려사 절요》 김종서 외

외 다수

문학

《신곡》 단테 알리기에리

《희곡집》 윌리엄 세익스피어

《일리아스》 호메로스

《오딧세이아》 호메로스

《동명왕의 노래》 이규보

《파한집》 이인로

《왕유 시선집》 왕유

《이백 시선》 이백

《새벽에 홀로 깨어》 최치원

《고문진보》 전집, 후집 황견 엮음

《변신 이야기》 푸블리우스 나소 오비디우스

《무지개》 윌리엄 워즈워스

《파우스트》 괴테

《수호지》 시내암

외 다수

습관 5. 꾸준한 건강 관리

인생의 목적을 이루는
강건한 체력 유지

건강을 유지한다는 것은 자기에 대한 의무인 동시에
사회에 대한 의무다.
오늘날 백 살이 넘게 오래 산 사람은 거의 모두가
여름이나 겨울에 한결같이 일찍 일어난 사람들이다.
―푸쉬킨

①
우리 몸이 건강하지 못한 세 가지 이유

첫째, 몸의 구조가 휘어있다

흔히 건강을 유지하기 위해서는 열심히 운동해야 한다고만 생각하기 쉽다. 그러나 이는 2차적인 문제이고 1차적으로 먼저 중요한 것들을 해결해야 한다. 예를 들면, 현대인이라면 누구나 척추가 약간씩 휘어져 있다는 점을 생각해 보자. 평소의 비뚤어진 자세 때문에 척추가 평균보다 많이 휘어 있다면 그 사람의 건강 지수는 급격히 떨어진다. 지식근로자 대부분의 업무가 책상 앞에서 컴퓨터를 놓고 진행하는 것임을 감안할 때 평소 비뚤어진 자세로 책상에 앉아 있으면 척추 압박이 나날이 누적되어 척추가 점점 더 휘어진다. 건강을 해치는 매우 위험한 상태이다.

또한 우리 몸의 뼈와 뼈를 연결해 주는 관절에 이물질이 끼어있는 상태를 예로 들 수 있다. 학생 때 몸을 앞으로 굽혀 얼마나 책상 밑으로 내려갔나를 측정했던 기억이 나는가? 손끝을 모으고 몸을 최대한 앞으로 숙여 뻗었을 때, 손바닥이 땅에 닿지 않는다면 당신의 관절은 이미 관리가 필요한 상태이다. 몸 구석구석의 관절들을 잘 정비하지 않아 녹슬어 있는 경우가 많다.

이런 문제들을 먼저 해결한 후에 운동을 시작해야 한다. 휘어진 척추나 녹슨 관절의 상태로는 아무리 열심히 운동을 해도 총체적으로 건강해지기 어렵기 때문이다. 건강 관리에서 가장 우선적으로 필요한 것은 몸을 바르게 펴고 기름을 쳐 주는 작업, 즉 스트레칭을 통한 바른 몸 만들기이다.

둘째, 몸 속에 독소가 쌓인다

몸에는 우리도 모르는 사이에 여러 가지 마이너스 요소들이 침투하고 있다. 각종 바이러스, 병원균은 물론이고 우리 몸에 해로운 온갖 물질들이 음식과 호흡 등을 통해 유입된다. 또한 낮 시간의 활동은 세포 내에 피로물질을 형성하기도 한다.

그러므로 몸의 효율을 극대화하기 위한 두 번째 원칙은 이러한 마이너스 요소들을 몸에서 몰아내는 것이다. 마이너스 요소 중에서 대표적인 것은 섭취한 음식물 찌꺼기가 잘 배설되지 못해 장에 남아 있는 숙변이다. 숙변을 잘 처리하지 않으면 계속해서 체내에 유독가스가 쌓이고 심지어 혈액을 통해 두뇌로까지 전달되어 두통을 일으키기도 한다. 이는 우리 몸의 효율을 떨어뜨리는 중요한 원인이다.

셋째, 몸의 에너지와 근력이 방전되었다

운동 습관은 모든 습관의 배터리와 같은 역할을 하기 때문에 이 습관이 무너지면 다른 모든 영역들이 심각한 타격을 입는다. 따라서 운동 습관이 형성될 수 있도록 특별하고 각별한 노력을 기울여야 한다. 앞의 두 가지 이유는 우리 몸의 효율성 즉, 건강한 몸 만들기에 대한 강조였다. 마지막으로 우리가 건강하지 못한 세 번째 이유는 에너지의 고갈이다. 건강의 기본 요소를 갖춘 몸에 에너지라는 내공을 불어 넣어 체력을 키워야 진짜 건강을 찾을 수 있다.

2
효율적인 건강 관리를 위한 3가지 대안

첫째, 몸의 구조를 바르게 회복해야 한다

우리 몸은 잘못된 자세나 생활 습관 등으로 많은 부분들이 뒤틀려 있거나 정상 위치에서 벗어나 있다. 그러므로 이를 개선하는 것이 첫 번째 과제이다. 대략 아래의 세 가지 요소에 집중한다.

- 바른 자세를 회복한다.
- 관절을 부드럽고 건강하게 유지한다.
- 오관을 튼튼히 한다.

바른 자세는 몸의 건강을 위해 아주 중요한 요소다. 굽어 있는 척추는 신경계를 병들게 하고 내장을 압박한다. 엑스레이 촬영을 통해 척추를 찍어 보면 휜 척추가 우리 내장과 신경계를 얼마나 압박하고 있는지 확인할 수 있다. 자세가 바르지 않던 사람이 바른 자세를 갖기 시작한다면 건강 회복의 가장 근본적인 해결책을 찾은 셈이다.

관절은 부드럽고 건강해야 한다. 신체를 유지시켜 주는 중요한 요소 중의 하나가 뼈와 뼈 사이의 관절이다. 우리 몸의 순환기들은 모두 관절을 통해 연결되어 있다. 그런데 몸 구석구석에는 잘 움직이지 않아 굳어진 관절들이 많다. 굳어 버린 관절들을 운동을 통해 부드럽게 풀어주면 혈액순환이 잘 되어 부드러운 몸으로 건강을 유지할 수 있다.

눈, 코, 귀, 입, 목 등 오관을 튼튼히 해야 한다. 오관은 피부의 보호를 별로 받지 못한 상태에서 외부 공기와 직접 접촉하는 기관들이다. 따라서 잘못 관리하면 탈이 나기 쉽고, 이 약해진 오관을 통해 질병들이 우리 몸에 침투하게 된다. 오관이 건강하면 축농증, 편도선, 목 감기, 비염 등으로부터 자유롭고 상쾌한 일상생활을 할 수 있다.

둘째, 몸 안의 독소를 제거한다

우리 몸을 구성하는 가장 작은 단위인 세포는 완벽한 재생산 구조를 갖추고 있다. 그래서 논리적으로는 노화하지 않는다고 한다. 그러나 실제의 우리 몸은 노화가 진행되고 결국에는 죽음에 이르게 된다. 그 이유는 몸에 유입된 독소가 제거되지 않고 세포에 남아 있어서 재생산 구조가 제대로 작동할 수 없도록 방해하기 때문이다. 우리 몸에 남아 있는 독소를 제거하는 방법은 두 가지이다.

첫째는 잘 배설하는 것이다. 보통은 건강을 유지하기 위해 잘 먹어야 한다고 생각하지만 무엇을 얼마나 먹느냐 보다 잘 배설하는 것이 더 중요하다. 내장 운동·마사지를 통해 내장을 강화시키고 부드럽게 해주면 배설에 도움이 된다. 배설이 잘 안돼서 변비가 생기면 몸에 독소가 남아 건강을 유지하기 어렵다.

둘째는 깊이 잠자는 것이다. 잠을 깊이 잘 수 있는 사람은 그날 축적된 피로물질과 독소들을 깨끗이 순화시켜 다음날의 활동을 원활하게 할 수 있다. 6시간만 자도 피로가 풀리는 사람이 7~8시간 잔다면 그 사람은 자기 시간을 낭비하며 사는 것이다. 그런데 6시간을 자야 피로가 풀리는 사람이 5시간만 잔다면 어떻게 될까? 자기의 건강과 생명을 하루하루 깎으며 사는 셈이 된다. 우리가 할 수 있는 방법은 깊이 잠들어서 짧은 시간 동안 피로를 풀 수 있는 힘을 기르는 것이다.

셋째, 적절한 운동으로 체력을 키워야 한다

체력을 보강하기 위해서는 하루 40분 이상, 최소한 주 4회 정도는 운동을 해야 한다. 운동할 때는 땀이 나고 숨이 찰 정도의 강도가 좋다. 체력을 기르기 위해서는 이 원칙들을 잘 기억해야 한다. 또한 체중 감량을 목적으로 운동을 하는 경우에는 반드시 유산소 운동과 무산소 운동을 적절하게 혼합해서 감량 효과를 올리는 동시에 균형 잡힌 체력을 기르도록 하자.

3
건강 관리 습관을 정착시키는 하루 패턴

매일 아침 1분 마사지

잠자는 동안 우리 몸은 자율신경계를 제외한 모든 근육들이 이완 상태로 휴식을 취한다. 이렇게 이완된 상태에서 벌떡 일어나 바로 활동을 시작하는 것은 좋지 않다. 잠자리에서 상체만을 일으킨 후 온몸을 천천히 두드려주는 것만으로 상쾌하고 가뿐한 기분을 느낄 수 있다.

가볍게 주먹을 쥐고 새끼손가락이 있는 부분으로 상체부터 천천히 두드려 준다. 20~30초 정도 상체를 골고루 두드리면 잠에서 쉽게 깨어날 수 있다. 어깨, 목, 가슴, 배, 허리, 골반, 허벅지, 그리고 무릎, 다리, 발, 마지막으로 머리까지 가볍게 두드린다. 이렇게 매일 아침 온몸을 마사지하면 근육뿐만 아니라 내장과 순환기에까지 자극을 주어 활기차게 하루를 시작할 수 있다.

세수할 때마다 30초씩 오관 마사지

오관 운동은 세수할 때마다 쉽게 할 수 있을 정도로 간단하다. 오관 운동을 매일 하면 눈의 피로, 축농증, 비염, 기억력 감퇴, 두통 등을 예방할 수 있다.

- **눈 운동**: 눈 주위의 뼈를 부드럽게 눌러 준 다음 눈동자를 상하좌우, 대각선, 원 모양 등으로 돌려서 안구 근육을 풀어준다.
- **코 운동**: 코를 위아래로 20회 정도 비빈다.
- **귀 운동**: 집게 손가락과 가운데 손가락 사이에 귓바퀴를 끼우고 아래위로 30회 정도 흔든다.
- **치아 운동**: 어금니와 앞니를 각각 20회씩 딱딱 부딪친다. 또 혀로 잇몸을 힘있게 눌러준다.
- **혀와 편도 운동**: 혀를 턱밑으로 최대한 내미는 사자후의 방법으로 혀와 목 내부의 편도를 강화할 수 있다. 사자후란 사자가 으르렁거리며 포효하는 모습과 비슷하다고 해서 생긴 말이다. 이 동작을 할 때는 눈을 최대한 부릅뜨고 혀를 최대한 쭉 내밀어서 턱 아래까지 닿도록 뻗으며 턱을 목 아래쪽으로 바짝 붙이는 것을 염두에 두어야 한다. 이 상태로 5초간 멈추었다가 다시 원위치로 되돌리는 동작을 10회 반복한다.

일과 시간에는 바른 자세

몸을 건강하게 관리하는 데 가장 중요한 것은 평소의 자세이다. PC 앞에 앉아 일하는 자세, 소파에서 편안히 쉴 때의 자세, 서서 무엇인가를 기다릴 때의 자세 등 평상시의 자세가 얼마나 바른가를 스스로 점검해야 한다.

수평 독서를 할 때 마음속으로 따라 읽지 않도록 혀를 살짝 고정시키는 의식 전환 훈련을 한 것처럼 바른 자세를 위해서도 끊임없는 의식의 전환이 필요하다. 나의 평소 자세 지수가 건강 지수와 비례할 수밖에 없음을 기억해야 한다.

우리의 머리 무게는 대략 6~7kg 정도로 볼링 공 하나의 무게와 비슷하다. 이 정도의 무게를 지탱하기 위해서는 상당히 효율적인 하중 분산 시스템이 필요한데, 그 역할을 담당하는 것이 바로 척추이다. 척추에서 뻗어 나온 척수 신경은 자율신경계의 통로가 되므로 척추가 반듯해야 오장 육부의 내장들이 원활하게 기능하고 혈액 순환이 좋아져 두뇌가 활성화된다.

사람의 척추는 7마디로 구성된 목뼈와 12마디로 된 등뼈, 5마디인 허리뼈까지 모두 24개의 마디로 이루어져 있다. 척추의 통로를 통해 뇌에서 내려오는 신경이 신체 각 부분은 물론 꼬리뼈까지 안전하게 내려가므로 척추는 안전한 신경 통로의 역할과 인체를 지탱하는 기둥의 역할을 동시에 한다. 따라서 척추 한 부분이 틀어지면 그 부분의 신경이 압박을 받아 통증이 유발되고 다른 장부와 조직의 기능까지 둔화된다.

  등이 구부정하거나 턱을 괴고 다리를 꼬고 앉는 등의 뒤틀린 자세는 등뼈와 허리뼈를 비롯한 척추를 휘게 한다. 이런 경우 등쪽으로 뼈가 튀어나오고 배에 힘이 없다. 위와 장이 수축되어 소화도 잘 안되고 염증이 생기는 경우가 많으며 시력도 점점 나빠진다. 자세가 좋지 않은 사람들은 평소 짜증을 잘 내고 신경질적인 경우가 많다. 참을성이 없고 산만하여 집중력이 부족하므로 공부나 일에서 성과를 내기도 어렵다. 바른 몸 만들기가 가장 중요한 원칙이 되는 것은 바로 이 때문이다. 자세를 바르게 하지 않은 상태에서 하는 다른 노력은 밑 빠진 독에 물을 붓는 것과 마찬가지다.

점심 식사 후 5분 스트레칭

  오후 일과를 시작하기 전에 척추 관리를 위해 다음의 네 가지 스트레칭을 해 보자. 먼저 척추 스트레칭부터 살펴보자.

1차 동작〉
- 몸의 힘을 뺀 채 발끝을 모으고 바르게 선다.
- 두 손을 깍지 끼고 아랫배 부분에 편안하게 늘어뜨린다.
- 코로 가늘고 고르게 호흡을 들이쉬며 깍지 낀 손을 서서히 위로 올린다.

- 손바닥 부분이 천장을 향하도록 최대한 위로 뻗는다. 발 뒤꿈치를 최대한 들어 올린다.
- 깍지 낀 손을 최대한 위로 뻗은 상태에서 5초 동안 동작을 멈추고 호흡도 멈춘다.
- 천천히 깍지 낀 손을 처음 위치로 내리면서 원래의 상태로 돌아간다.
- 원위치로 동작을 되돌리면서 호흡을 입으로 최대한 가늘고 고르게 내쉬도록 한다.

2차 동작〉

대부분의 사람들은 좋지 않은 자세로 공부를 하거나 일을 하기 때문에 상체가 앞으로 굽어 있다. 평소 몸이 개운치 않을 때 기지개를 펴면 심신이 매우 상쾌해지는 것을 느꼈을 것이다. 이 운동은 기지개의 효과를 극대화하고 척추를 곧게 펴서 좋지 않은 자세를 교정한다.

- 두 발을 어깨 넓이로 벌린다.
- 두 손을 허리 뒤에 자연스럽게 받치듯 얹는다.
- 코로 가늘고 고르게 호흡하며 몸을 뒤로 젖혀 양 팔꿈치를 날개를 펴듯 펼친다.
- 이 동작이 최대한 이뤄졌을 때 시선을 뒤쪽 천장과 벽 쪽으로 돌린다.
- 상체가 완전히 젖혀진 상태에서 5초 동안 동작을 멈추고 호흡도 멈춘다.
- 천천히 젖혀진 양 어깨와 팔꿈치, 상체를 원래의 상태로 되돌리도록 한다.

– 원위치로 동작을 되돌리면서 호흡을 입으로 최대한 가늘고 고르게 내쉬
도록 한다.

3차 동작)

운동을 규칙적으로 하지 않으면 몸이 굳어져 유연성이 떨어진다. 자신의 몸이 얼마나 유연한가를 쉽게 알아보는 방법은 서서 다리를 곧게 펴고 허리만을 굽혀 손바닥을 자신의 발가락 끝까지 내려 뻗는 것이다. 앞으로 숙여 뻗기 운동을 2~3주 계속하면 몸이 부드러워진다.

– 발끝을 모은다.
– 두 손을 천천히 벌려 위로 쭈욱 올리면서 모은다(수영 다이빙 직전처럼).
– 다시 최대한 상체를 숙이면서 두 손을 아래로 내려 뻗는다.
– 호흡은 코로 가늘고 고르게 들이쉰다.
– 손바닥이 마룻바닥에 닿을 정도로 최대한 몸을 앞으로 숙인다.
– 숙여 뻗은 상태에서 5초 동안 동작을 멈추고 호흡도 멈춘다.
– 무릎을 굽혀서는 안 되며 시선은 무릎 쪽 방향에 둔다.
– 5초가 지난 후에 서서히 손과 상체를 들어올려 처음 자세로 돌아온다.
– 호흡은 최대한 가늘고 고르게 코로 내쉬도록 한다.

4차 동작)

앞의 세 동작은 척추를 상하로, 앞뒤로 풀어주는 운동이다. 몸통

돌리기는 척추를 좌우로 움직여 줌으로써 굳어진 척추 뼈를 풀어주는 운동법이다. 동작이 다소 까다롭기는 하지만 설명을 보면서 따라 해 보자.

- 두 발끝을 어깨 넓이로 둔다.
- 두 손은 달걀 하나를 쥔 듯한 모습으로 동그랗게 만든다.
- 호흡은 코로 가늘고 고르게 들이쉬면서 오른손은 왼쪽 허리에, 왼손은 등 뒤로 돌려서 오른쪽 허리 뒷부분에 닿도록 한다.
- 몸통 전체가 척추를 중심으로 하여 최대한 왼쪽으로 돌아가도록 한다.
- 시선은 오른쪽 발뒤꿈치를 보도록 한다.
- 발바닥과 다리는 고정시켜 움직이지 않도록 한다.
- 5초 동안 호흡과 동작을 멈춘 후에, 천천히 손과 몸통을 원래의 상태로 되돌린다.
- 원위치로 동작을 되돌리면서 호흡을 입으로 최대한 가늘고 고르게 내뱉도록 한다.
- 같은 방법으로 반대방향도 되풀이한다.

1차~4차까지의 동작을 매일 1,2회 꾸준히 하고, 익숙해진 다음에는 매일 최소한 7회 반복한다. 전체 운동 시간은 약 5분 정도 걸린다.

책상에 앉은 상태에서 틈틈이

업무 틈틈이 관절 운동을 하자. 하루 업무 중 몸이 피로하거나 자세가 흐트러질 때, 혹은 휴식시간을 이용하여 관절 운동을 할 수 있다. 목, 손, 발목 등을 이 운동을 통해 단련해 나갈 수 있다.

동작 1〉 머리 끝으로 봉(鳳)자 쓰기

鳳 목 관절을 풀어주기 위한 운동법이다. 목은 무거운 머리를 받치고 있기 때문에 다른 근육보다 몇 배 더 많은 힘이 든다. 그러므로 목의 관절과 근육이 더 뻣뻣해지기 쉽다. 딱딱해진 목 근육은 이곳을 지나는 신경, 혈관 등에 압박을 줘서 혈액순환에 부정적인 영향을 준다. 따라서 목 관절이 부드럽지 않으면 쉽게 머리가 무거워지거나 눈에 피로감을 많이 느끼게 된다.

이를 방지하기 위해 아래와 같이 목운동을 해보자.

- 편안하게 앉은 자리에서 몸의 힘을 뺀다.
- 약간 고개를 뒤로 젖힌 상태에서 머리끝이 붓이라는 생각으로 새 봉(鳳)자를 최대한 크게 써 본다.
- 지나치게 힘차게 고개를 돌리지 말고 부드럽고 크게 획을 그어가며 쓰도록 한다.

동작 2) 손목 X자로 비틀기

이번에는 손목과 팔꿈치 그리고 어깨 관절을 동시에 효과적으로 풀어주는 간단한 운동을 해보자. 관절이 부드러워지면 혈액순환이 좋아져서 온몸이 가뿐해진다.

손목 운동과 팔꿈치 운동은 다음과 같이 할 수 있다.

- 두 팔을 앞으로 쭉 뻗고 손바닥을 아래로 향한 채 왼손을 오른손 위로 교차시킨다.
- 오른손 바닥과 왼손 바닥을 붙이고 깍지를 낀다.
- 깍지 낀 손을 부드럽게 돌려 얼굴 방향으로 올린다.
- 깍지 낀 손을 얼굴 쪽에서 다시 앞으로 쭈욱 내뻗는다.
- 이때 손의 깍지가 풀리지 않도록 해야 한다.
- 팔꿈치 관절이 뻣뻣하여 잘 뻗어지지 않을 경우에는 무리하지 않도록 한다.
- 잠시 멈추었다가 다시 원상태로 천천히 팔을 되돌려 뻗는다.
- 이 동작을 7회 반복하고 두 손 위치를 바꾸어 오른손을 왼손 위로 교차시킨 후 반복한다.

동작 3) 허리·무릎 돌리기

허리는 인간의 신체균형을 유지하는 대들보 역할을 한다. 그래서 중요한 만큼 노화도 빨리 온다. 허리에 항상 가벼운 통증을 느끼는 사람, 걸을 때 균형이 잡히지 않아 휘청거리는 사람, 한 번 앉으면 일어나기가 귀찮은 사람은 허리의 노화가 시작되었다고 볼 수 있다. 허리에 노화 현상이 나타날 때는 허리 근육만이 아니라 내장, 특히 신장이 약해지는 경우가 많으므로 허리 부분의 척추를 부드럽게 풀어주는 것이 중요하다. 이 동작은 잠깐 책상 옆으로 나와 빈 공간에서 실행한다.

- 두 발을 어깨 넓이로 자연스럽게 벌리고 선다.
- 두 손은 양쪽 허리에 같이 가볍게 올려둔다.
- 위에서 내려보았을 때 배꼽 부분이 원을 그리도록 몸통을 크게 돌린다.
- 반시계 방향으로 5회, 시계 방향으로 5회 돌려준다.
- 이때 두 발은 바닥에 고정시켜 움직이지 않도록 해야 한다.
- 상체를 너무 숙여 엉덩이가 원을 그리지 않도록 조심한다.
- 이 동작을 마친 후 다리와 무릎을 모은다.
- 양 손을 무릎 위에 얹고 무릎을 약간 구부린다.
- 그 상태에서 무릎을 반시계 방향으로 5회, 시계 방향으로 5회 돌려준다.

사람은 직립보행을 하기 때문에 무릎을 제대로 보호하지 않으면 관절에 이상이 온다. 특히 관절 사이에 자리잡은 반월판이라는 인대에 손상이 잘 일어나곤 한다. 무릎관절이 부드럽고 원활하게 되도록 꾸준한 노력이 필요하다. 무릎에 지방이 끼어 있으면 외관상으로도 좋지 않고 건강에도 무리가 온다. 위의 방법으로 무릎 돌리기 운동을 반복하면 관절의 부드러움을 유지하는 동시에 지방 제거의 효과도 얻을 수 있다.

동작 4) 발끝으로 마(馬)자 쓰기

馬 관절 중에는 발목, 발가락 관절처럼 평소 거의 움직이지 않는 것들이 많다. 발끝으로 글씨를 쓰면 자연스럽게 발목의 관절이 풀리게 된다. 이와 같이 관절을 풀어주면 혈액순환이 발끝까지 원활해져서 온몸이 개운해지고 부드러운 몸을 유지할 수 있다.

- 자리에 앉아서 한쪽 발을 다른 쪽 무릎 위에 올려 놓는다.
- 발가락을 잡고 앞뒤로 또는 회전을 시키며 발가락의 관절들을 풀어준다.
- 발을 바꾸어 양쪽 발가락을 풀어준다.
- 다음으로는 의자에 앉은 상태에서 엉덩이를 의자 앞쪽으로 당기고, 바닥에 발 뒤꿈치를 붙인 채 발끝으로 말 마(馬)자를 써본다. 종아리 부분이 땡기고 얼얼할 정도로 각각의 획을 크고 정확하게 그리는 것이 좋다.

퇴근 후 30분 걷기

듀크대학Duke University의 제임스 블루멘털James Blumenthal 박사에 따르면, 일주일에 3회 정도 30분간 활발하게 걸으면 우울증을 치료하는 효과를 발휘한다고 한다. 워싱턴 정신의학센터의 앨런 살레리안도 걷기야말로 최상의 운동 방법이라고 다시금 강조한다. 그의 연구는 보통 수준으로 걷기만 해도 뇌를 젊게 할 수 있음을 밝혀냈다. 그렇다면 얼마나 오래 걸어야 할까? 하루 30분 혹은 그 이상 걷는 것이 바람직하다. 캘리포니아대학의 신경병 학자인 크리스틴 야페Kristin Yaffe 박사는 BBC 뉴스와의 인터뷰에서 걷기의 효과에 대해 "많이 걸을수록 더 좋다"고 말했다.

운동과 새벽 기상을 동시에 성공시키기 위해서는 저녁에 운동할 것을 권한다. 이른 아침에는 가볍게 몸을 풀어주는 정도가 좋다. 체력을 기르기 위한 본격적인 운동은 저녁 시간을 이용해야 숙면에도 도움이 된다. 조깅이나 파워 워킹을 한 후에는 졸음이 몰려온다. 이는 체온이 급격히 올라갔다가 내려오는 과정에 부교감신경이 활성화되기 때문인데, 아침에 무리하게 체력 운동을 하면(물론 프로 운동선수는 예외로 한다) 출근 이후 졸음에 시달릴 가능성이 있다.

특히 무리한 조깅으로 심장 박동수가 100을 넘으면 무산소성 역치 Anaerobic Threshold에 도달할 수 있는데, 이때 피로감이 급격히 증가한다. 그러니 격렬한 아침 운동은 심신의 각성을 최고조에 달하게 할 수 있으므로 피하는 것이 좋다. 어떤 사람들은 아침에 운동을 해야 상쾌하게 하루를 시작할 수 있다고 말한다. 하지만 전문가들은 이런 기분에 속으면 안 된다고 충고한다. 무산소성 역치의 상태에서는 뇌내 모르핀의 일종인 베타 엔드로핀이 평소보다 4~5배 더 많이 분출되어 일종의 쾌감을 느끼게 하지만 몸은 피로물질로 가득 차기 때문이다.

저녁 시간에 운동을 하면 심리적으로 편안한 상태에서 운동을 즐길 수 있을 뿐 아니라 몸에 피로물질이 쌓여 숙면에도 큰 도움이 된다. 아울러 저녁 시간의 불필요한 일정도 사전에 차단할 수 있는 효과가 있다. 다만, 너무 늦은 시간에 운동을 하면 이 역시 숙면에 방해가 된다는 것에 유의해야 한다.

잠들기 전 독소 제거를 위한 내장 마사지

숙변을 제거하는 데 효과적인 복부 마사지법은 다음과 같다.

- 잠자리에 들기 전에 온몸의 힘을 빼고 누워서 양 손바닥으로 배를 살살 문질러 준다(손바닥이 배 피부에 직접 닿도록).
- 배꼽을 중심으로 원을 그리며 마사지를 해 준다.
- 약 200회 정도를 시계 방향으로 회전하면서 배를 마찰시켜 따스한 상태로 만든다. 소요시간은 약 2분 정도이다.

그 후에 양 손의 둘째, 셋째, 넷째 손가락을 사용해 배 구석구석을 살살 눌러본다. 만일 이때 딱딱하거나 아픈 부분이 만져지면 그 부분을 집중적으로 살살 마사지 해서 뭉친 것을 풀어 준다. 변비가 생기는 원인이 바로 배 안에 딱딱해진 부분들에 있기 때문이다. 잘 아는 대로 우리의 장은 주름 형태로 되어 있는데 이 주름 사이에 숙변이 끼면 장의 흐름이 둔화되고 독을 생산하는 공장이 된다.

변비가 심한 경우에는 장 청소라는 극단적 약물 치료 방법을 동원하기도 하지만 수면 전에 복부 마사지를 체질화하면 저절로 해결되는 경우도 많다. 취침 전 5분 정도를 투자해 딱딱한 부분을 잘 풀어주면 다음날 아침 상쾌한 기분으로 배변의 쾌감을 맛볼 수 있다. 단, 하루이틀의 실천으로는 효과를 볼 수 없고 일주일 이상 꾸준히 실천해야 조금씩 변화를 느낄 수 있다. 3주 이상 거르지 않고 복부 마사지를 꾸준히 진행하면 아침에 커다란 변화를 경험할 것이다.

4
건강 관리 습관을 체질화하려면

건강 관리 습관도 다른 6가지 습관처럼 체질화하는 것이 가장 중요하다. 이를 위해서는 몇 가지 준비가 필요하다.

첫째, 매월 초 해당 월의 운동 목표를 3가지 정한다. 〈표 3〉처럼 이번 달에는 어떤 운동 목표를 갖고 실천할 것인지를 선택해 보자. 물론 몇 달 동안 동일한 목표를 가질 수도 있다. 운동량을 늘리거나 조절함으로써 매월 새로운 목표를 세우면 된다.

● 표 3 운동 목표표

이번 달 운동 목표		2012년 11월
목표 1	바른 자세 유지 및 척추 관절 운동하기	
목표 2	세수할 때 오관 운동 빠뜨리지 않기	
목표 3	저녁에 40분 동안 강변 산책로 걷기	

매달 운동 목표를 결정했으면, 이번에는 매일 실천 사항을 점검할 수 있는 수첩을 만든다(스마트폰의 메모장 등을 활용해도 좋다). 매일 해당 목표의 운동을 한 후에 실천 사항을 점검하고 점수로 표시한다. 각 항목은 5점을 만점으로 해 다음과 같이 평가한다.

- 5점: 매우 열심히 진심으로 실천함
- 4점: 비교적 열심히 실천
- 3점: 의무감으로 겨우 실천
- 2점: 생각만 있고 실천으로 못 옮김
- 1점: 생각도 실천도 못함

위와 같은 방법으로 운동 일지를 기록하면 지속적으로 스스로에게

● 표 4 운동 평가표

구분	목표 1 자세, 척추 관절 운동	목표 2 오관 운동	목표 3 40분 워킹	합계	월 점수
11월 1일(목)	5	5	5	15	15
11월 2일(금)	3	1	5	9	24
11월 3일(토)	5	5	5	15	39
11월 4일(일)	2	2	1	5	44
11월 5일(월)	3	5	5	13	57
11월 6일(화)	4	3	1	8	65
11월 7일(수)	5	4	5	14	79

동기를 부여하면서 꾸준한 운동 습관을 만들어 나갈 수 있다. 월말에는 목표 1, 2, 3에 대한 각각의 총점을 계산해 보고, 다음 달 목표를 수립할 때 반영한다. 동일한 양식의 표를 갖고 몇 사람이 팀을 짜서 서로 격려해 가면서 진행하면 더욱 효과적으로 운동 습관을 정착시킬 수 있다. 다음 사례는 이 방법을 활용해 체중을 15kg 감량한 어느 30대 중반의 직장인이 겪은 실화를 바탕으로 재구성한 것이다.

지난해 8월, 내 몸무게는 98kg이었다. 170cm에 불과한 키에 비하면 상당한 과체중이었다. 양말을 하나 신는 데도 땀을 뻘뻘 흘려야 했고 구두끈을 고쳐 매는 것은 늘 힘겨웠다. 심지어는 업무 중에 몸을 숙이다가 엉덩이 부분의 재봉선이 뜯어지는 황당한 경험도 했다.

언제부터인가 몸이 불어나면서 신경이 날카로워지고 사소한 일에도 짜증을 많이 내는 나를 발견했다. 스트레스가 심해지면 먹는 것으로 풀어버리는 바람에 계속 살이 찌는 악순환이 반복되고 있었다. 무엇보다 전형적인 야행성 인간인 탓에 밤에도 계속해서 간식을 먹어야만 했다. 몸이 뚱뚱해지고 둔해지니 잠도 많아지고 쉬 피곤해졌다. 게다가 고혈압과 당뇨의 초기 증상까지 발견되었다.

아내의 셋째 아이 출산이 다가오면서 나는 뭔가 달라지지 않으면 안되겠다는 위기감을 느꼈다. 그러던 중 올해 초부터 운동일지를 작성하면서 건강관리 습관 훈련을 하게 되었다.

불과 4개월이 지난 6월 말 체중이 무려 15kg이 줄어서 83kg이 되었다. 매월 운동 목표를 설정하고 포인트를 합산해 누계가 250점 이상을 받으면 확실히 살이 빠진다. 그러나 총점 100점 이하를 받으면 반드시 요요현상이 오는 것도 경험했다.

나는 매월 한 달의 건강 목표를 작성하면서 예측 가능하고 구체적인 수치로 측정할 수 있으며 마감 기한이 있는 SMART 목표가 바로 이런 것이 아닐까 감탄했다.

다음은 올해 6월 초에 세운 나의 건강 목표와 그 결과 값이다.

목표 1: 부지런히 많이 걷고 조깅을 통해 80kg 진입 (결과 103점)
목표 2: 천천히 적게 먹고 물과 섬유질을 많이 섭취하기, 밤에 안 먹기 (결과 102점)
목표 3: 수영을 하루도 빠지지 않고 한 시간 이상 하기 (84점)

이런 방식으로 매달 초 건강 목표를 작성할 때면, 체중 목표 수치가 점점 내려가는 것에 짜릿한 전율을 느낀다. 무엇보다 식욕을 컨트롤할 수 있다는 것, 몸이 가벼워지면서 아침에 일어나는 것이 점점 활기차지는 기분은 경험해 본 사람만이 알 것이다. 가족들과 직장 동료들의 격려와 칭찬도 큰 힘이 되었다.

규칙적 기상 습관을 익혀 나가면서 얻게 된 나만의 시간이 내 삶에 이렇게 소중한 힘이 될 줄은 몰랐다. 수영 실력도 일취월장하여 요 며칠 사이 자유형으로 100번을 턴하는 데 성공했다. 새벽에 일어나는 것이 고통이 아닌 삶의 즐거움으로 자리 잡게 된 것은 정말 잊지 못할 소중한 경험이다.

습관 6. 감사 일기

자기 성찰적 사고의
선순환 완성

어떤 종류의 신념이나 지식의 목적을 이루기 위한
적극적, 지속적, 신중한 사고 형태가 자기 성찰적 사고다.

―존 듀이

1
자기 성찰적 사고와 일기 쓰기 습관

자기 성찰적 사고 Self-reflective Thinking는 가장 높은 수준의 사고 형태다. 적어도 하루에 한 번씩 진정한 나를 만나 적극적이고 신중한 대화를 지속적으로 나누는 사람과 세파에 떠밀려 성찰 없이 하루하루를 살아가는 사람은 장기적으로 현저한 차이를 드러낸다.

매일 일기 쓰기 습관을 체질화함으로써 이러한 자기 성찰적 사고 능력을 키울 수 있고 이런 힘은 나머지 6가지 습관에 긍정적인 시너지 효과를 불러일으킨다. 인류의 역사를 살펴보면, 위대한 업적을 이룬 인물 가운데 일기 쓰기를 게을리 한 사람은 아무도 없다.

감사 일기란 무엇인가?

'일기'의 사전적 정의는 '하루 동안 겪은 일이나 감상을 매일 적은 글'이다. 그런데 중요한 것은 겪은 일을 어떤 방식과 어떤 관점으로 쓰느냐이다. 마이너스 사고 방식에 젖어 있는 사람은 자신에 대한 후회와 남에 대한 분노나 비난으로 일기장을 채울 것이다. 하지만 이런 식의 일기는 우리의 내면을 악화시킬 뿐이다.

감사 일기란 자신이 하루의 삶에서 이루어낸 긍정적인 체험을 매일 5가지씩 꾸준히 기록하는 것이다. 플러스 사고 방식으로 체질이 변하고 있는 사람들은 일기에서도 플러스 사고의 위력을 마음껏 체험하게 된다. 매일의 삶에서 자신의 조그마한 성취나 체험을 5개씩 뽑아내기는 쉽지 않은 일이다. 하지만 5가지를 반드시 선택해야 하므로 잠시 하루의 삶을 돌아보면서 긍정적인 기억을 되새김질 하는 시간을 가질 수 있다. 우리의 기억은 하루의 온갖 상황을 모두 기억하지 않는다. 사건이나 대화 상황을 선택적으로 기억하기 때문에 무엇을 선택할 것인가는 전적으로 나 자신의 사고방식이 플러스 방향인가 마이너스 방향인가에 의해 결정된다.

② 만다라트 기법을 응용해 감사할 일들 찾아내기

감사 일기에서 가장 중요한 것은 반드시 5개의 긍정적인 기억을 의무적으로 생각하는 데 있다. 인간은 근본적으로 부정적인 사고 방식으로 얼룩져 있기 때문에 자신의 하루 생활을 성찰하면서도 잘했던 일보다는 잘못했던 일에 초점을 맞추기 쉽다. 그러나 부정적 경험을 일기 형태로 나열하는 것은 바람직하지 않다. 성찰 활동을 통해 자신을 강화하기 위해서는 하루 생활 중에서 긍정적 경험들만 추출해 내는 작업이 더 필요하다.

만다라트Mandal-Art란 일본의 디자이너 이마이즈미 히로아키今泉浩晃가 개발한 발상기법으로 manda+la+art가 결합된 용어다. manda+la는 목적을 달성한다는 뜻이고 mandal+art는 목적을 달성하는 기술, 즉 도구를 의미한다.

만다라트를 통해 기획 아이디어를 창출하는 과정을 살펴보도록 하자. 잘 익혀두면 업무에도 큰 도움이 될 것이다.

1단계. '정사각형 9개로 이루어진 표(만다라트)'를 그린다

우선, 정사각형 9개로 나뉘어진 만다라트를 그려 넣는다. A4 용지에 미리 인쇄를 해 두면 좋다. 9개의 빈칸 한가운데는 집중적으로 아이디어를 모아야 할 주제를 적어 넣는다. 예를 들어, 머그잔 신제품을 개발하는 주제에 대해 아이디어를 모아야 한다면 해당 키워드인 '머그잔'을 한가운데 칸에 써 넣는 것이다.

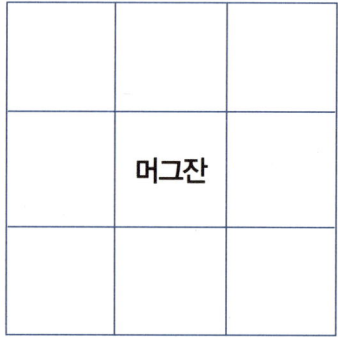

2단계. 나머지 8칸에 떠오르는 단서를 채워 넣는다

만다라트 중앙 칸에 주제를 적었다면 나머지 8칸을 메우는 방식으로 아이디어를 만들어 나간다. '머그잔'을 신상품 주제로 선택한 다음에는 기획의 단서가 될 것을 나머지 빈칸에 적는 것이다.

귀여운 그림	가격	튼튼함
마시는 부분은 얇게	머그잔	씻기 편함
화려한 색상	손잡이	무게

제일 먼저 떠오르는 대로 '손잡이', '화려한 색상', '마시는 부분은 얇게', '귀여운 그림' 등을 적었다고 하자. 그래도 4칸이 부족하다. 다시 생각나는 단서가 '가격'과 '튼튼함'. 마지막으로 생각 나는 단서가 '씻기 편함'과 '무게'이다. 8칸을 모두 채워야 한다는 강제력이 작용하면 두뇌가 끊임없이 자극을 받아 자신의 능력을 최대한 발휘해서 새로운 아이디어를 찾아낸다.

만다라트와 마인드맵의 차이가 여기에 있다. 마인드맵은 중심으로부터 자유롭게 생각을 뻗어나가게 하지만 거기에는 강제적으로 생각을 자극하는 요소가 없다. 하지만 만다라트는 한 주제에 대해 최소 8개의 새 아이디어를 뽑아내도록 자극한다.

3단계. 8개의 아이디어를 다시 중심 키워드 삼아 8개의 새로운 서브Sub 만다라트를 그린다

이것으로 머그잔 기획이 끝난 것이 아니다. 새로운 만다라트 용지 8장을 출력해 두고 이제는 손잡이, 무게, 귀여운 그림 등의 8가지 단서를 다시 메인 키워드로 삼아 중앙의 빈칸에 적는다. 다음으로는 각각 8장의 만다라트를 새로 그려서 빈칸을 채워 넣는다.

일본식 디자인	미끄럽지 않다	유니섹스
아이들도 잡기 쉽다	손잡이	오른쪽도 OK 왼쪽도 OK
인체공학	손가락이 2개 들어간다	손잡이가 없다

편의상 손잡이에 대한 만다라트만 샘플로 살펴보도록 하자. 머그잔 손잡이를 신상품으로 발전시키려면 무엇이 필요할까? '손가락이 2개 들어간다', '인체공학', '아이들도 잡기 쉽다', '미끄럽지 않다' 등 여러 가지 단서가 떠오를 것이다. 손잡이와 관련된 단서는 8가지. 이런 방식으로 8개의 만다라트를 그리면 머그잔과 관련된 아이디어는 무려 64개(8×8)에 달하게 된다. 좋은 도구를 쓰면 이렇게 수많은 아이디어가 단

숨에 창출될 수 있다.

감사 일기에서 항목 5칸 채우기는 이와 같은 만다라트의 원리를 일부 응용한 것이다. 감사 일기를 통해 강제적으로 하루 5가지의 긍정적 경험을 끌어 올리는 훈련을 함으로써 우리는 부정적 사고방식에서 벗어나 밝음과 긍정의 성찰을 할 수 있다. 이 경험을 반복한다고 가정해 보라. 일주일이면 35개, 한 달이면 140개, 1년이면 약 1700개의 긍정적 피드백을 스스로에게 실행하는 것이다.

여기서 함께 간단히 실습을 해 보도록 하자.

지난 24시간 동안 내 삶에서 일어난 감사한 일 5가지를 적어 보자.

(반드시 5칸을 다 채운다)

① _____
② _____
③ _____
④ _____
⑤ _____

앞에서 문서화의 중요성에 대해 강조했다. 기록으로 남겨지는 나의 개인 역사에 무엇을 선택하여 문서화할 것인가? 일기를 본격적으로 기록하기에 앞서 하루의 플러스 기억, 즉 감사한 내용 5개를 추출하는 과정은 인생을 궁극적으로 행복과 성공을 향해 나아갈 수 있도록 도와준다. 수만 톤의 거대한 배도 진로는 배 후미 아래에 있는 조그마한 방향 키가 결정한다. 감사 일기로 얼룩지고 흐려지기 쉬운 우리의 T-W-M의 회전을 바른쪽으로 잡아주는 자기 성찰적 사고를 이루어 내자.

③
감사 일기는
T-W-M 선순환 구조를 완성한다

앞에서 T-W-M 그림을 통해 삶의 에너지 순환 구조를 살펴보았다. 화살표가 사고계에서 시작해서 오른쪽으로 돌아 언어계, 물질계로 흐르는 것이 선순환 구조였음을 기억하자. 그렇다면 에너지의 악순환 구조도 있는 것일까? 물론이다. 악순환의 출발점은 물질계로부터 시작된다.

대부분의 사람들은 사고계가 안정적이지 못하다. 독하게 마음 먹고 잘 보살피지 않으면 사고계는 순식간에 잡초투성이로 변해 버린다. 때문에 끊임없이 정성과 사랑과 인내로 돌보며 관리해야 한다. 그래서 사람들이 쉽게 관심을 기울이는 것이 물질계이다.

우리는 아침에 눈을 떠서 밤에 침대에 누울 때까지 약 1만 5천 가지 이상의 생각을 한다(사고계). 그 중 70% 이상이 돈과 관련된 염려와 불안이라고 한다. 물질계를 바라보는 순간, 우리의 삶은 쉽게 악순환의 패러다임에 빠져든다. 줄어드는 통장의 잔고를 들여다보며 두려움에 휩싸일 수도 있고 20대의 경우 불확실한 미래에 대한 짓눌림에 심각한 허무감에 빠질 수도 있다.

이렇게 사고계를 관리하거나 정돈하지 못한 채 물질계를 먼저 바라보면 자연히 언어계에도 부정적인 영향을 주게 된다. 부정적인 언어계를 갖는 것은 내 사고계에 부정적인 씨앗들을 뿌리는 것과 마찬가지다. 당장 아무런 표시가 나지 않지만 그 토양에 햇볕이 깃들고 아침 이슬이 내리면 어느 순간 불쑥 부정적인 결과의 잡초들이 파릇파릇 올라오게 되는 것이다. 부정적인 언어계는 고스란히 우리의 사고계에 악영향을 끼친다.

사고계는 가만히 내버려 두어도 저절로 무질서도가 증가하는 열역학 제2법칙의 지배를 받는 공간이다. 부정적 엔트로피가 증가하는 성향을 가진 사고계에 부정적 언어의 씨앗이 뿌려지면 걷잡을 수 없이 우울한 상황으로 접어드는 악순환이 계속 된다.

T-W-M 악순환 구조는 화살표가 왼쪽Left으로 돌고 있다는 점이 흥미롭다. 반대로 선순환 구조는 오른쪽Right으로 에너지가 흐르고 있다.

오른쪽Right이 옳은Right 방향이다

왼쪽을 의미하는 Left라는 단어를 곰곰이 생각해 보면 흥미로운 점

● 그림 12

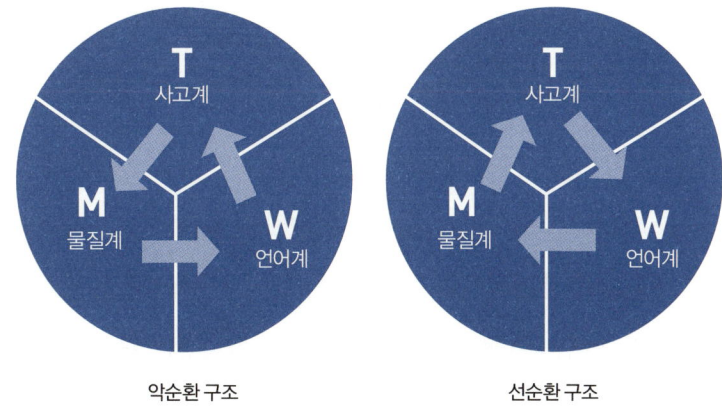

악순환 구조   선순환 구조

을 발견한다. Left는 떠난다는 의미의 Leave라는 동사의 과거형이다. 과연 왼쪽으로 순환하면 무엇으로부터 떠난다는 뜻일까? 옳은 것으로부터 떠나 점점 더 멀어지는, 즉 사는 대로 휘둘리며 생각하는 악순환적 삶의 전형적인 모습이 아닐까?

우리의 인생을 자동차 운전에 비유해 본다면 T-W-M 원은 운전대에 해당할 것이다. 행복과 충만함과 온전한 사랑이 가득한 곳, 참된 자유를 마음껏 누릴 수 있는 그곳을 향해 우리 인생이 나아가야 한다면, 그 목적지는 반드시 옳은Right 방향으로 가야만 도달할 수 있는 법이다. 악순환의 구조인 왼쪽Left으로 자꾸만 핸들이 꺾이면 목적지에서 점점 더 멀어질 수밖에 없다.

무슨 이유에서인지는 모르겠지만 우리 인생의 운전대는 꽉 붙잡지 않으면 저절로 왼쪽으로 스스르 풀려버리는 특성을 갖고 있다. 정신을 바짝 차리고 손에 힘을 꽉 주어 핸들을 붙잡고 있어야 겨우 직진할 수 있고, 우리의 궁극적인 목적지인 옳은Right 방향으로 나아가기 위해서는 많은 에너지를 쏟아 핸들을 오른쪽으로 꺾어야 한다.

나침반의 바늘 끝이 정북향을 가리키며 쉼 없이 부들부들 떨 듯 우리 삶도 연약함 투성이지만 옳은 쪽을 향해 쉼 없이 떨며 나아갈 때 각자의 인생에서 최선의 목적지에 도달할 수 있다. 때로 좌우 분별을 제대로 하지 못해 헤맬 때도 있지만, 나침반의 떨림처럼 옳은 쪽을 향해 중심을 잃지 않는 자세가 필요하다. 이를 위해 매일 감사 일기를 쓰는 습관을 만들어보자.

나폴레온 힐은 이렇게 말했다.

"진정한 황금은 땅속에서 캐낸 것보다 우리의 생각에서 채굴된 경우가 훨씬 더 많다."

인간에게 주어진 천혜의 선물을 회복하는 일은 바로 우리의 사고계-언어계-물질계 순환 시스템을 악순환 구조에서 선순환 구조로 바꾸는 일이다. 그것은 곧 사는 대로 생각하게 만드는 고장 난 운전대에 휘둘리지 않고 핸들을 바로 잡아 생각대로 사는 삶, 곧 인생의 진정한 황금을 발굴하는 멋지고 행복한 작업이다.

❹ 암묵지를 형식지로 변환하는 최고의 방법, 대화 일기

일기를 단순한 사실을 기록하고 감상을 적는 것으로 끝내서는 그 의미와 효과가 미미할 수밖에 없다. 일기의 진정한 위력은 의식의 겉에 있는 내가 내면 깊숙한 곳에 숨어 있는 진정한 나를 극적으로 만나는 경험을 통해 발현된다. 다음의 시를 생각해 보자.

나는 내가 아니다.
눈에는 보이지 않아도
언제나 내 곁에서 걷고 있는 자.
이따금 내가 만나지만
대부분은 잊고 지내는 자.
내가 말할 때 곁에서 조용히 듣고 있는 자.

내가 미워할 때 용서하는 자.

가끔은 내가 없는 곳으로 산책을 가는 자.

내가 죽었을 때 내 곁에 서 있는 자.

그 자가 바로 나이다.

－후안 라몬 히메네즈 (남아메리카의 시인)

히메네즈는 〈나는 내가 아니다〉라는 이 시를 통해 우리 내면을 잘 묘사하고 있다. 바쁜 현대인들이 진정한 자아를 만나지 못하고 있는 현실을 날카롭게 지적하며 진짜 나를 만나야 함을 역설하는 것이다. 요컨대 일기는 자기 성찰적 사고를 통해 내가 나를 만나는 시간이 되어야 한다. 그러면 어떻게 일기를 써야 나와 나의 극적인 만남을 이루어 낼 수 있을까?

그것은 바로 내가 나에게 질문을 던지고 답을 하면서 풀어나가는 것이다. 당신은 지금까지 살아오면서 자신에게 얼마나 자주 질문을 던지면서 살아왔는가? 우리에게는 나와 질문을 주고 받는 이 과정이 다소 어색하기 때문에 약간의 준비를 해야 한다. 그것은 바로 편안한 마음과 생생한 상상력이다.

1단계. 교감하기 (감사의 말)

내가 나를 만나는 것이 지극히 당연한 것 같지만, 실제로는 얼마나 어색한 일인지 모른다. '행복한 가정 생활' 세미나를 진행하는 강사들이 흔히 사용하는 기법 중에 부부를 서로 마주 보게 하고 7분간 눈을 맞추도록 하는 것이 있다. 처음에는 대부분의 부부들이 장난 삼아 눈을 들여다 보며 킥킥 대고 웃는다. 그런데 2~3분이 지나면 극도로 어색해지고 견딜 수 없어 하는 묘한 분위기가 연출되는데, 이때 노련한 강사들은 서로의 상처와 아픔, 그리고 자신의 부족함 때문에 배우자가 얼마나 힘들었을까를 생각하게 하는 메시지를 가볍게 던진다. 5분을 넘기면서 그들의 눈시울은 붉어지고 6분 정도가 되면 대부분의 부부들이 눈물을 펑펑 쏟는다. 살아오면서 7분 이상 서로의 눈을 마주 본 경험이 그 어떤 부부에게도 흔하지 않기에 이런 현상들이 일어나는 것이다.

그렇다면 배우자가 아닌, 나 자신과의 진정한 교감에 대해 생각해 보자. 과연 일생 동안 나는 얼마나 나 자신과 진지하게 깊은 교감을 나누고 대화를 나누며 살아왔던가? 그저 본능적으로 오토마톤된 삶에 그럭저럭 만족하며 살아온 대부분의 우리들에게 내가 나 스스로에게 말을 거는 것은 그리 쉬운 일이 아니다. 그러나 시도해 보자. 먼저 나에게 가볍게 인사를 거는 것으로 시작할 수 있다.

나: 철수(당신의 이름을 넣어라), 안녕? 요즘 어떻게 지내고 있지?

내면: 그래, 정말 오랜만이군. 정식으로 이렇게 대화를 나누는 것은 처음이지 아마? 잘 지냈어? 반갑다, 정말.

나: 진작 이런 것을 알았다면 더욱 많은 대화의 꽃을 피웠을 텐데 이제야 시

작하게 되어 아쉽네. 그렇지만 이제라도 이렇게 대화를 시작한 것이 내 삶의 큰 발전의 계기가 될 것이라 확신하게 되는군.
내면: 그렇지. 얼마나 감사한 일인가? 세상의 수많은 사람들 가운데 정말 선택 받은 느낌이 들어 더욱 감사하지.

상당히 어색하지 않은가? 하지만 내면의 나를 친구라고 상상해 보라. 그리고 남에게 말을 하는 것처럼 이야기를 걸고 즉시 역할을 바꾸어 내면의 나의 입장에서 이야기를 진행해 나가면 된다. 일기 쓸 당시의 기분과 느낌, 그리고 떠오르는 화제를 가지고 가볍게 내면의 나와 대화를 시작하라. 중요한 것은 불평이나 비관적 대화가 아니라 긍정적이면서도 따스하고 감사를 표시하는 대화의 분위기를 유지하는 것이다.

2단계. 긍정적 '질문'으로 대화를 발전 시키기

초기의 교감을 통해 나와의 대화에 시동을 걸었다면, 이제는 자기 성찰적 사고 방식으로 본격적인 이야기를 시작할 때가 되었다. 주된 전개 방식은 '질문'이다. 나와의 대화는 적극적이고 긍정적인 질문을 던짐으로써 참으로 놀라운 계기를 만들어 나갈 수 있다. 내면에 잠재되어 있는 지혜와 지식은 물 아래 감추어진 90% 이상의 빙산 같아서 우리가 적절한 질문만 던질 수 있다면 뜻밖의 상상치도 못했던 지혜와 영감을 얻을 수도 있다. 중세의 교부 토마스 아 켐피스 Thomas a Kempis 는 이런 대화 방식을 이용한 저술로 유명하며, 독일의 대문호 괴테는 어려운 일이나 곤란한 일에 직면했을 때 몇 시간씩 조용히 자신과 대화를 나누고 그 내용을 노트에 기록했다고 한다. 우리는 일기의 방식으로 이러한 지혜를 적극적으로 활용할 수 있다.

2단계에서 가장 중요한 것은 긍정적인 질문을 던지고 대화의 방향을 항상 플러스 방식으로 유지하는 노력을 기울여야 한다는 것이다. 다음의 예를 생각해 보자.

(잘못된 예)

나: 오늘 정말 힘든 하루였다. 왜 내 인생은 이렇게 자꾸만 꼬이는 걸까?

내면: 정말 힘들었나 보구나. 인생이란 쉽지 않은 것이 분명하지. 우리 부모들이 그랬고 얼마 전 이민 갔다가 이혼한 친구 녀석도 얼마나 인생이 꼬이고 있는지를 생각해 보면 삶이 고통의 바다라는 지적이 참 옳은 것 같아.

나: 박 과장이 이유 없이 계속 나를 힘들게 해. 무엇이 문제인지 모르겠어!

내면: 네 문제는 우유부단하다는 것이지. 분명히 따르기 어려운 지시에 대해서는 의사를 밝혔어야지. 네가 불분명한 태도를 취하니까 박 과장이 계속 너에게 그런 식의 일 처리를 요구하는 거야.

(바람직한 예)

나: 아, 오늘도 힘들었지만 많은 것을 배우게 된 하루였어. 인생은 언제나 배

움의 연속이지? 어떻게 하면 인생의 학교에서 더 잘 배울 수 있을까?

내면: 맞아. 인생의 학교는 정말 놀라운 가르침과 지혜로 가득하지. 마음을 활짝 열고 그 가운데서 교훈을 찾고 하루하루 그것들을 잘 정리해 둔다면 인생은 참으로 흥미진진한 일들로 가득할 거야. 더 잘 배우기 위해서 우선은 열린 마음이 중요하다고 생각해.

나: 열린 마음이라. 중요한 지적이네. 그러면 어떤 것이 열린 마음일까?

내면: 열린 마음이란 내가 사랑을 간직하고 있다는 것 아닐까? 직장에서, 가정에서, 사회에서 누구를 만나든지 마음 깊은 곳에 그들을 사랑하려는 자세가 있다면 자연스레 열린 마음과 태도를 가질 수 있을 것 같은데?

나: 오늘 박 과장의 훈계를 들으면서 잠시 언짢았지만 '곧 이 상황에서 무언가를 배워야지' 라는 결심을 하게 되었어. 훈계를 듣거나 원치 않는 상황에서 그것을 긍정적인 에너지로 빨리 전환하는 방법은 무엇일까?

내면: 나도 그 자리에 있어서 네 마음을 잘 알지. 박 과장님은 너에 대한 개인적인 공격을 하지는 않았어. 중요한 것은 네가 감정적으로 받아들이지 않고 사실로 수용할 것들만 취하는 것이라고 생각해. 사실과 감정의 분리는 쉽지 않지만 그런 멋진 연습을 할 수 있었던 것에 감사해야겠다.

위의 예에서 보듯, 우리의 내면은 우리가 질문한 방향대로 대화를 이끌어가는 경향이 있다. 즉 부정적인 질문으로 대화를 시작하면 결과는 부정적인 이야기로 가득 채워지고, 긍정적인 관점에서 질문을 시작하면 지혜로운 대화가 계속 이어진다는 점이다. 내면의 대화에서 부정적 상황 설정은 어두운 그림자를 드리우고 우리의 에너지를 급격히 빼앗아 이내 우리를 힘들게 하고 가라앉게 만들 뿐이다.

3단계. '오늘의 선언문'으로 일기를 마무리 하라

일기 마무리는 '오늘의 선언문'으로 한다. 선언문이라는 것은 그날의 일기를 통해 자신이 얻은 교훈을 종합하여 한 문장으로 적는 것이다. 이 선언문의 특징은 반드시 나를 주어로 해야 하며 쉽고 간결하고 긍정적인 단어들을 사용해 명료하게 작성하는 것이다. 하루에 한 문장씩 작성해 나가면 된다. 예를 들면 이런 것이다.

- 나는 누구에게든 따스한 사랑을 품고 열린 마음으로 대화하기를 진심으로 원하는 사람이다.
- 나는 어떤 상황에서도 배우고자 하는 열망을 가진 사람이다.

이처럼 매일 한 문장씩 자신에 대해 긍정적인 선언문을 만들어 나가면 스스로에 대한 확신과 자신감으로 인생을 개척할 수 있다.

습관 7. 공감적 대화

타인을 진정으로
이해하는 태도

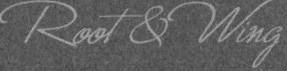

삶의 가장 큰 행복은
우리 자신이 사랑 받고 있다는 믿음으로부터 온다.
-빅토르 위고

1
엘리터에서
리더로 발전하는 습관

레오나르도 다 빈치는 인류 역사상 가장 뛰어난 업적을 남긴 사람 가운데 하나다. 그것도 특정 분야에서만이 아니라 여러 분야에서 고루 재능을 발휘했다는 점에서 타고난 천재라고 할 수 있다. 예컨대 그의 그림〈모나리자〉는 세계 미술사를 빛낸 걸작으로 인정 받고 있으며 그가 스케치한 비행기 모형도는 인류가 하늘을 나는 데 결정적인 아이디어를 제공했다. 뿐만 아니라 그는 당시 천동설을 뒤집고 지구가 태양을 중심으로 돌고 있다는 지동설을 주장한 천문학자이기도 했다. 인체의 비밀을 밝혀내기 위해 연구에 몰두한 의학자, 과감한 실험정신으로 자전거, 잠수함 등의 설계도를 남긴 발명가이기도 했다. 하지만 이런 다 빈치도 어렸을 때는 사생아라는 이유로 주위의 따돌림을 받는 소극적인 아이였다. 그래서 집 밖에 나가는 것조차 싫어했고 다른 사람 앞에서는 엉뚱한 실수를 자주 저지르곤 했다. 그러나 그의 할머니는 다 빈치가 집을 나설 때마다 귀에 대고 이렇게 속삭여주었다.

"너는 무엇이든 할 수 있어. 할머니는 너를 믿는다."

할머니는 숨을 거두던 날까지 그 말을 단 하루도 거른 적이 없었다.

누군가로부터 격려 받고 인정을 받는다는 건 행복한 일이다. 그러나 우리가 먼저 누군가를 진정으로 인정해 주는 것은 더 큰 행복임을 기억하자. 괴테는 이렇게 말했다.

"우리가 누군가를 그가 정말 되어야 할 존재로 인정하고 상상하고 이야기한다면 그는 정말 그런 존재가 될 수 있다."

《아이반호》를 쓴 영국의 유명 작가 월터 스콧Walter Scott은 어린 시절 학과 공부를 못하는 열등생이었다. 그래서 그는 열등생이 쓰는 종이 모자를 쓰고 교실 구석에서 침울하게 어린 시절을 보냈다. 그러나 스콧에게는 시인이 될 거라는 남다른 꿈이 있었다. 문학에 관심이 많았고 여러 편의 시를 외울 수 있었다. 열세 살쯤 되었을 때 유명한 문필가 모임에 심부름을 갔는데, 우연한 기회에 시 낭송을 하게 되었다. 그의 재능을 금세 알아 본 당시의 유명한 시인 로버트 번스Robert Burns는 "이 소년은 언젠가 위대한 시인이 될 것이다"고 말하며 칭찬을 아끼지 않았다. 이 칭찬에 힘을 얻은 스콧은 시인이 되겠다는 꿈을 가지고 열심히 시를 썼다. 그리고 훗날 그는 번스의 말처럼 영국의 위대한 시인이 되어 불후의 명작을 많이 남겼다.

리더와 엘리터의 차이점을 이해하자

어느 지도자 한 분은 엘리터와 리더를 구분하면서 재밌는 표현을 했다. 지도자에는 리더(Leader)와 엘리터(Eliter-사전에는 없는 단어다. Elite+er을 합성한 신조어)라는 두 종류가 있다는 것이다. 엘리터는 뛰어난 능력으로 자신의 앞길을 계속 헤쳐 나가는 사람을 뜻한다. 리더는 자신의 모든 능력을 총동원해 앞길을 개척해 나갈 뿐 아니라, 자신이 돌보아야 할 부하직원, 동료들이 바로 설 수 있도록 이끌어 주는 사람이다. 엘리터는 세상에 흔하게 널려있지만 이 시대에 참으로 부족한 것은 진정한 리더라고 한다.

앞에서 다룬 6가지의 습관들은 개인적으로 자신의 내공을 강화하는 것들인 반면에 마지막 '공감적 대화' 습관은 자기 경영 능력을 극대화해서 사람들과의 관계를 발전시켜 나가는 것이다.

인간 관계의 발전을 위해 여러 종류의 기법을 배울 수 있다. 그런 기법들은 일시적으로 반짝 효과를 줄 수도 있지만, 궁극적으로 우리 내면의 토양이 기름지게 변화하지 않으면 그 효과들은 이내 메말라버리고 오히려 역효과를 불러 일으킬 수도 있다는 것을 명심해야 한다.

'습관 7'은 독립적으로 개발할 수 없는 영역이다. 앞의 6개 습관들이 잘 뿌리내리고 정착되어야 깊은 뿌리로부터 영양분을 공급 받아 무성한 잎과 화려한 꽃 그리고 달콤한 열매를 맺는 나무처럼 공감적 대화라는 성숙하고 아름다운 습관을 맺을 수 있음을 기억하자.

② 안경을 바꿔 쓰는 지혜

둘째 아이가 고3일 때 일이다. 아이의 안경과 내 안경의 디자인이 비슷해 가끔 덥석 끼는 순간, 앗 실수했구나 깨닫는 경우가 더러 있었다. 다른 사람의 안경을 꼈을 때의 불편함은 쉽게 상상할 수 있을 것이다.

서로의 안경 도수가 다른 것처럼 우리 인식의 틀frame of cognition에도 조금씩 차이가 있다. 마치 지문이 똑같은 사람이 한 사람도 없듯, 세상을 바라보고 해석하고 이해하는 지적인 틀(안경) 역시 사람마다 도수가 조금씩 다른 것이다.

내가 낀 안경이 사물을 가장 선명하게 보여준다고 해서 딸에게 그 안경을 강요할 수 없는 일이다. 만일 내가 그렇게 계속 주장한다면 딸아이는 '우리 아빠가 돌았구나!' 생각하지 않겠는가.

안타깝게도 자신이 갖고 있는 인식의 틀이 주관적이라는 것을 경험할 기회는 흔치 않다. 그래서 우리는 대화 중에 내 안경을 남에게 끼우려는 것과 비슷한 실수를 종종 하게 된다. 조용히 상대의 말을 듣고 귀를 열면 마음 깊은 곳의 울림을 들을 수 있을 텐데 사람들은 자신의 안경, 즉 자신에게 가장 익숙하고 편한 인식의 틀을 상대에게도 강요하려고 한다. 파스칼은 이렇게 말했다.

"사람들의 마음속에는 이유들이 존재한다. 그 이유들을 이성적으로 판단하기는 어렵다."

자녀, 배우자, 직장 동료, 한국인, 미국인 할 것 없이 모든 사람들의 마음속에는 물 아래 빙산의 거대한 실체처럼 어마어마한 크기의 수없이 많은 '이유들'이 있다. 그리고 다른 사람들의 이유는 내 인식의 틀, 내 안경으로는 결코 보이지 않고 볼 수도 없는 것들이다.

패러다임 시프트의 기적

힐러리 클린턴은 자신의 책 《살아있는 역사》에서 청소년 시절의 흥미로운 경험 한 가지를 이야기했다. 그녀는 자수성가한 백인을 아버지로 둔 자녀답게 집안 대대로 강력한 공화당 지지자였다. 힐러리가 고등학생이던 1964년, 미국 대통령 선거가 있었다. 공화당의 대통령 후보는 배리 골드워터Barry Morris Goldwater였는데 힐러리는 자기가 살고 있던 시카고로 골드워터가 선거 유세를 온다는 소식을 듣고는 아버지를 졸라

유세에 참석할 정도로 열광적인 팬이었다.

당시 그녀가 다니던 고등학교에서 정치 과목을 가르쳤던 제럴드 베이커는 어느 날 수업 시간에 이렇게 말했다.

"다음 주 수업은 대통령 후보 모의 토론회로 진행해 보려고 해요."

베이커 선생은 배역 선정을 절묘하게 진행했다.

"음. 힐러리 양. 자네는 민주당의 존슨Lyndon Johnson 대통령 역할을 맡아주겠나? 엘렌 양? 자네는 공화당의 후보 골드워터 역할을 한번 맡아 보는 게 어때?"

두 학생은 화가 머리끝까지 났다. 힐러리는 자타가 공인하는 골수 공화당 지지자인데 민주당 후보를 맡겨서 화가 났고, 엘렌 역시 그 반에서 유일한 민주당 지지자로 소문난 학생이었기 때문이다. 장난끼가 있었던 베이커 선생은 일부러 서로 자신이 지지하는 후보의 반대편 후보를 배역으로 맡긴 것이다. 힐러리와 엘렌은 모욕감을 느낀 상태에서 강력하게 항의했다. 그때 베이커 선생이 이렇게 대답했다고 한다.

"애들아. 이렇게 역할을 맡게 되면 상대의 관점에서 문제를 볼 수밖에 없겠지? 그러면 많은 것을 새롭게 깨달을 수 있을지도 몰라. 한번 시험해 보자, 응?"

선생님의 진지한 태도에 설득된 두 사람은 도서관에 파묻혀 토론 수업을 준비하기 시작했다. 힐러리는 당시를 이렇게 고백한다.

"민주당 강령과 백악관 성명서를 찾아보고, 민권과 의료보험, 빈곤 문제와 외교정책에 대한 민주당과 존슨 대통령의 견해를 검토해 봤지만 거기에 투자하는 시간이 아까워 분통이 터질 지경이었지요."

그렇게 며칠간 도서관에서 자신을 민주당의 대선 후보와 동일시하며 자료를 준비하던 중 힐러리의 내면에 묘한 변화가 일어나기 시작했다.

"어느 순간이었어요. 저는 단순한 연극적 열정이 아니라 진정한 열정으로 민주당의 입장을 나 자신이 지지하고 있음을 깨달았습니다."

이 토론 수업이 계기가 되어 힐러리는 민주당 지지자로 변했고 결국 민주당 소속의 대통령이었던 클린턴의 부인이자 뉴욕 상원의원, 미 국무장관의 위치에 오른 것이다. 더욱 놀라운 일은 이런 현상이 힐러리에게만 일어난 것이 아니라 그의 토론 파트너였던 엘렌에게도 똑같이 벌어진 것이다. 그녀 역시 민주당 지지 입장에서 180도 변해 공화당 지지자로 바뀌었다. 힐러리와 엘렌은 토론이라는 뜨거운 용광로를 거치기도 전인 도서관에서의 며칠 동안의 준비 과정을 통해 자신의 인식의 틀이 극적으로 변화되는 경험을 하게 된 것이다.

3
공감이란 무엇인가?

공감共感이란 의미의 영어 단어 empathy는 희랍어 empatheia에서 유래했다. empatheia를 분해해 보면 '안에, 내면에'를 뜻하는 en과 고통이나 열정을 의미하는 pathos가 결합된 것이다. 즉, 타인의 내면 깊숙이 들어가서 (안경을 바꾸어 써 보고) 그 사람이 느끼고 있는 고통이나 열정을 함께 오롯이 느껴보는 것, 이것이 바로 공감이다.

'속마음으로 함께 느끼기', '다른 사람의 감정 속으로 파고들기', '다른 사람의 구두를 신어보는 일' 이라는 표현도 있다. 남자들은 구두의 디자인이 대부분 비슷하기 때문에 가끔 신발을 벗고 들어가야 하는 음식점에서 식사를 마치고 나오다가 다른 사람의 구두를 자신의 것으로 착각해서 신는 경우가 종종 있다. 그때의 찝찝하고 불쾌한 기분은 모두 이해할 것이다. 다른 사람의 안경을 대신 껴 보는 일. 혹은 타인의 구두를 신어보는 행위는 결코 기분 좋은 경험이 아니다. 화가 날 수도 있고 어지러울 수도 있고 불편하기 짝이 없는 기분일 수도 있다.

가까운 사람들과 대화를 나눌 때 특히 가족들과 편안하게 대화할 때 우리가 흔히 저지르는 실수는 공감의 단계에 들어가지도 못한 상태에서 나의 인식의 틀을 강요하는 것이다. 가정에서는 모든 심리적 방어 장치가 사라진 상태이고 누구라도 감정 노동을 하고 싶어 하지 않기 때문에 그런 실수가 더 흔히 벌어지게 된다. 그러나 내 안경을 벗고 불편하고 힘든 가족의 안경을 대신 껴 보면서 함께 느끼는 공감의 단계에 도달할 때, 우리는 비로소 상대방을 이해하기 시작하는 첫걸음을 떼게 될 것이다. 수면 아래 감추어진 내면은 자신에게 진심으로 귀 기울이고 공감해 주는 사람에게만 조금씩 열어 보이고 싶은 세계임을 알아야 한다.

모쪼록 '습관 7'을 잘 연마해 내가 섬겨야 할 주위 사람들을 진정으로 이해하고 격려하는 따뜻한 리더로 발전해 나가자. 다음 챕터에서는 어떻게 해야 공감적 대화의 습관을 체질화할 수 있는지 세 가지 비결을 살펴 보기로 하자.

4
공감적 대화 습관의 비결 ①
생각 비우기

충격적인 그림 하나를 보면서 '생각을 비운다'는 의미를 생각해 보자. 비운다는 뜻은 앞에서 설명한대로, 내 패러다임(인식 틀, 안경)을 재빨리 내려 놓고 상대방의 패러다임으로 옮겨가는 것을 의미한다. 다음 그림은 패러다임 시프트를 경험하게 해 주는 전형적인 사례이다. 이 작품은 네덜란드 암스테르담의 국립 미술관에 소장되어 있는 루벤스의 1630년 작품으로 제목은 〈노인과 여인〉 혹은 〈키몬과 페로Cimon and Pero〉라고도 한다.

보시다시피 이 그림은 묘사가 매우 노골적이어서 일반 관람객들은 설불리 그 앞에 서서 감상하기 어려운 작품으로 유명하다. 누드화도 아름다운 예술이라 인식하며 편안하게 감상할 수 있지만, 루벤스의 이 작품은 누드화보다 훨씬 민망하다. 사람들은 시선을 어떻게 처리해야 할지 몰라서 그냥 지나치는 경우가 많다고 한다. 그런데 도슨트가 이 그림에 대해 제대로 설명해주면 모두가 고개를 끄덕이며 진한 감동을 받는다고 한다. 순식간에 패러다임 시프트를 경험하는 셈이다. 이유는 다음과 같다.

젊은 여인이 부끄럼도 없이 젖가슴을 드러내고 있다. 게다가 거의 벗은 몸으로 손발이 묶인 노인은 그녀의 가슴에 얼굴을 파묻고 있다. 화면 오른쪽 위를 보면 창살 밖에서 그 장면을 엿보고 있는 군인들이 있는 것으로 미뤄 볼 때 장소가 감옥임을 짐작케 한다.

이 여인은 노인의 딸인 페로Pero이다. 아랫도리에 검은 죄수복을 걸친 노인은 젊은 여인의 아버지 키몬Cimon이다. 왜 두 사람은 이런 자세를 취하고 있을까? 이 그림은 루벤스가 고대 로마의 한 이야기를 주제로 그린 그림이다. 서기 30년에 발레리우스 막시무스가 쓴 《고대 로마인의 기억될 만한 행동과 격언들Facta et Dicta Memorabila》 제 4권 5장에 이 이야기가 등장한다.

옛날 로마시대에 키몬Cimon이라는 사람이 있었다. 그는 죄를 짓고 사형선고를 받는데, 그에게 내려진 형벌은 감옥에서 '굶어 죽는 것'이었다. 노인에게는 페로Pero라는 딸이 있었다. 딸은 아버지 면회를 가서도, 굶어 죽어야 하는 벌이었기에 일체 먹을 것을 가지고 갈 수가 없었다. 아버지가 굶어 죽어 가는 것을 볼 수 없었던 딸은 때마침 출산 후 수유 기간이었기에 아버지에게 젖을 먹여서 생명을 연장시켰고 딸의 이러한 숭고한 행동으로 아버지는 석방받을

수 있었다.

이 이야기를 바탕으로 루벤스는 그림을 그렸고, 이후 오랜 세월에 걸쳐 화가들은 다양한 버전의 키몬과 페로 설화를 그림으로 표현해 왔다.

같은 그림을 놓고 빙산 아래의 이유를 모른 채 5%의 수면 위로 드러난 겉모습만 보고 거북한 마음을 가지는 경우를 이 그림은 상징적으로 보여주고 있다. 그러나 이 그림에 얽힌 이야기, 즉 빙산 아래의 실체인 '부녀간의 숭고한 사랑'을 제대로 깨닫는 순간 '아름다운 가족애를 담은 성화'라고 가치를 부여할 수 있게 된다. 눈에 보이는 것이 전부가 아니기 때문이다.

우리는 종종 진실을 알지도 못하면서 단지 눈에 보이는 것만으로 아주 쉽게 남을 판단한다. 눈에 보이는 현상과 실제의 사실, 나의 판단이 항상 옳은 것이 아닐 수 있음을 이해하고 언제든 대화 중 내 생각을 비우는 지혜를 배워야 한다. 이것이 공감적 대화 습관의 첫 번째 비결이다.

내 것을 비우는 것은 '지적인 자살'이나 '내 인격의 멸절'을 의미하는 것이 아니다. 나를 버리고 무조건 상대방의 사고 틀에 자신을 맞추는 바보가 되라는 뜻도 아니다. 나의 생각과 체계를 갖되, 먼저 상대방을 이해하려는 의도로 잠시 내 것을 내려놓고 무장해제한 채로 상대방의 패러다임 쪽으로 들어가 보라는 것이다. 옳고 그름을 따지는 것이 아니다. 상대방의 빙산 아래의 실체가 무엇인지를 파악하는 것이 선행되어야 한다. 상대방을 내 편으로 설득하는 것이 우선 순위가 되어서는 안 된다.

설득과 변화를 공감적 대화의 최종 목표로 두어야 한다. 타인을 제대로 이해하지 못한 채 설득을 시도하는 것은 강요에 불과하다. 이 세상 누구도 그런 방식으로는 근본적으로 변하지 않는다. 단지 변한 척할 뿐이다.

마음을 비우는 것이 쉬운 일은 아니다. 남의 구두를 신는 것 같은 찝찝함, 남의 안경을 껴 보는 것 같은 불편함과 고통이 따른다. 패러다임 시프트는 누구나 해야 하지만 아무나 할 수 있는 일이 아니다. 한때 블루 오션 Blue Ocean 이라는 용어가 많은 사람들의 입에 오르내린 적이 있었다. 대중들의 선택을 받기 위해 치열하게 피를 튀기는 무한 경쟁의 바다를 레드 오션Red Ocean으로 가정하고 전혀 경쟁이 없는 무한한 가능성의 영역을 상대적으로 블루 오션으로 표현했던 것이다.

패러다임 시프트의 유연함은 관계의 블루 오션과도 같다. 사람들은 누구나 다 남들로부터 이해 받고 싶어한다. 하지만 내가 먼저 남을 이해해 주려는 의도를 갖고 있는 사람은 극히 드물다. 내 안에 묵직하게 자리잡고 있는 익숙한 나의 패러다임을 움직이기가 싫기 때문이다. 그러나 만약 내가 먼저 남을 이해하기 위해 내 패러다임을 상대방 쪽으로 움직일 수 있는 능력을 키울 수 있다면 우리 앞에는 무한한 가능성의 블루 오션이 활짝 열릴 것이다. 메를린 퍼거슨은 이렇게 말했다.

"논리적 설득이나 감정적 호소를 통해서 누구도 다른 사람을 변화시킬 수 없다. 왜냐하면 변화의 문은 그 손잡이가 안쪽에만 달려있는 구조로 만들어져 있기 때문이다."

변화의 문은 손잡이가 밖에 없다. 오직 각자의 내면에서 스스로 그 문을 열고 나올 수 있도록 손잡이가 안에 달려있기 때문이다. 그 문은 언제 열릴까? 상대방이 자기 패러다임을 강요하거나 설득하려고 하지 않고 먼저 내 말에 귀를 기울이고 빙산 아래의 실체가 무엇인지를 정확하게 파악하기 위해 애쓰는 사람, 진정으로 나를 이해해 주는 사람이라는 확신이 들 때에야 비로소 스르르 손잡이가 돌아가는 소리가 들릴 것이다. 부드러움이 강함을 이기는 법이다.

5
공감적 대화 습관의 비결 ②
귀 기울이고 침묵하기

뇌과학이 발달하면서 밝혀낸 사실이 있다. 우리 인간의 두뇌는 1분당 약 500단어의 어휘를 처리할 수 있다고 한다. 그런데 대화 도중에 우리의 귀로 유입되는 단어는 평균 약 100단어 정도이다. 이것이 의미하는 바는 무엇일까? 누군가와 대화를 나누고 있을 때, 상대가 1을 말하는 동안 우리의 두뇌는 5를 처리하는 속도를 갖는다는 것이다. 즉 우리의 두뇌는 대화 중 약 80%의 여유 시간을 갖는다. 이 80%의 여유 시간에 우리의 두뇌는 잠잠히 있을까? 그렇지 않다.

우리가 대화를 나눌 때 '나를 상대방에게 이해시키고 싶은 욕구'가 기본적으로 전제되어 있으므로 우리는 상대의 이야기를 듣고 있는 80%의 여유 시간에 내가 다음에 이야기할 주제, 방향 등을 생각하느라 바쁘다. 이런 현상을 나는 공감을 방해하는 '대화의 바이러스'라고 이름 붙였다.

80%의 여유 시간에 우리 두뇌에는 대략 4가지의 바이러스가 활발하게 작동한다.

첫째는 판단 바이러스다. 지금 상대가 하고 있는 말이 옳은 것인지 틀린 말인지를 쉼 없이 체크하면서 듣는다.

둘째는 탐색 바이러스로써, 인터넷의 검색엔진을 떠올리면 이해가 빠르다. 예컨대 상대방이 최근 제주 올레길을 다녀온 경험담을 말하고 있다고 가정하자. 그러면 나의 두뇌는 두뇌 속 데이터베이스를 빛의 속도로 돌려가면서 지난번에 다녀왔던 제주 올레 7코스와 5코스를 떠올리고 상대의 말이 끝나기도 전에 자신의 경험을 늘어 놓을 기회를 찾는다. 이런 탐색 바이러스들은 상대의 말을 공감하며 듣는 데 커다란 장애가 된다.

셋째는 해석 바이러스다. 이는 회사에서 상사와 대화를 하거나 비즈니스 상 거래처와 협의를 위해 중요한 대화를 진전시키는 과정, 부부 간에 긴장된 상태에 돌입했을 때도 종종 나타난다. 상대의 말을 들으면서 '대체 의도가 뭐지?'를 계속 생각하면서 듣는 것이다.

넷째는 충고 바이러스인데, 이 바이러스는 앞의 세 작업, 즉 판단, 탐색, 해석 과정을 거쳐서 상대가 말을 끝내면 내가 쏟아내고자 하는 대화를 종합적으로 머릿속으로 구상하고 그리는 총체적인 작업을 의미한다.

상대의 말에 공감하며 대화하는 습관을 체질화하기 위해서는 두뇌에서 벌어지는 바이러스의 활동들을 멈춰야 한다. 이를 극복하는 훌륭한 대안은 침묵이다. 두뇌의 활동을 멈추고 조용히 상대의 이야기에만 온전히 정신을 집중하며 귀를 기울이는 것이다.

캐나다 마니토바 출신의 어느 인디언 부족은 자신의 가정에 낯선 손님을 초대할 때 독특한 영접 방식을 갖고 있다. 손님이 집 안으로 들어와 거실에 자리 잡고 앉으면 아무런 이야기도 건네지 않고 가만히 앉아 5분 가량을 빤히 바라만 본다고 한다. 1분이 지나고 2분이 지나면서 어색해 하던 손님들도 그들의 침묵에 동화되어 서서히 인디언 가족들과 통하는 느낌을 공유한다. 서로를 이해하는 데 화려한 언변이나 설득이 아니라, 고요한 침묵이 중요한 수단이 될 수 있다고 믿는 인디언들의 오랜 전통이다.

《침묵의 추구》의 저자 조지 프로흐니크George Prochnilk는 어느 가톨릭 신부님을 인터뷰한 경험을 증언한다.

스티븐 신부는 각 교구의 정책 수립협의회를 감독하는 임무를 맡고 있었다. 그는 자기의 경험에 비추어 이렇게 말했다.

"사람이 침묵하지 못하면 서로를 이해하는 능력을 갖출 수 없습니다."

스티븐 신부는 최근 들어 자신의 교구정책 수립협의회에서 더 이상 토론으로 의사결정하는 방법을 허용하지 않았다. 토론으로 의사 결정을 내리면 결과적으로 소음이 결정을 좌우하기 때문이었다. 대신에 구성원 전원에게 의견 불일치에 대한 자기 입장을 놓고 침묵 가운데 명상하라고 요청했다. 시간이 한참 흐르고 난 뒤 다시 모인 사람들의 생각은 대체로 바뀌어 있었다고 한다.

"신부님, 밖에 나가서 농장을 이리저리 거닐며 생각해 봤어요. 내가 다른 사람 입장이라면, 내 주장대로 일이 결정되었을 때 얼마나 기분이 언짢을까 하고요."

시의적절한 침묵이 타인을 이해하는 능력을 선물해 준 것이다. 대화 중 자신의 말을 멈추고 타인에게 귀를 기울이는 잠시 동안의 침묵은 우리에게 풍요로운 미지의 세계를 안겨 줄 수 있는 것이다.

역사상 가장 효율적인 회의 방식으로 알려진 이로쿼이 연방 인디언들의 부족회의 방식을 잠시 생각해 보자. 그들은 부족들 사이에서 중요한 의사 결정을 할 때, 대표들이 모여 매우 독특한 방식으로 회의를 진행한다. 길이가 약 1미터 50센티미터 정도 되는 요란하게 장식된 인디언 토킹 스틱이라는 막대기를 준비해서 사회자가 발언권을 요청한 부족 대표에게 마치 마이크를 건네듯 전달한다. 이들의 회의 규칙은 아주 간단하다. 누군가가 토킹 스틱을 쥐고 발언할 때는 발언자가 자신과 부족의 입장을 공동체에게 충분히 이해시켰다고 확신할 때까지, 절대로 끼어들어서는 안 된다는 것이다. 누구든지 발언할 때는 방해받지 않고 마음껏 이야기를 쏟아 낼 수 있는 것이다.

처음 이 회의 방식을 듣게 되었을 때, 나는 커다란 의문을 품었다.

'아니, 이런 방식이 어떻게 가장 효율적인 회의라는 거지? 세상에서 제일 비효율적인 회의 같은데……!'

그러나 의문은 오래가지 않아 풀렸다. 보통 부족 대표들이 모여 회의를 할 때 다루는 의제는 서로 간에 상당한 이해(利害)관계가 맞물려 있는 사안일 경우가 많다고 한다. A부족이 이익을 얻으면 B부족은 당연히 그만큼 손해를 보는 경우가 생기는 의제들을 다루는 것이다. 이럴 때 이로쿼이 연방 인디언들의 토킹 스틱을 통한 회의 규칙은 기막힌 효과를 발휘한다.

감정적으로 흥분하거나 절제하지 못하는 경우를 사전에 원천적으로 차단하고, 함부로 끼어들지 않는 침묵 가운데서 상대 부족의 입장을 충분히 들을 수 있는 기회를 갖기 때문이다. 이성을 활용하기 시작함으로써 부족간에 언쟁도 벌어지지 않고 창조적 아이디어들도 떠오른다고 한다.

회의의 백미는 맨 마지막에 있다. 부족들이 서로의 입장을 충분히 방해 받지 않고 이야기를 쏟아낸 다음, 사회자가 그러면 어떻게 이 문제를 해결할 것인가를 묻고 결론을 도출하는 과정에서 기적적인 합의들이 아주 빠르게 이뤄진다고 한다. 감정이 상하지 않고 서로를 충분히 이해했기 때문에 얻어지는 결과이다. 공감적 대화의 큰 위력이기도 하다.

이로쿼이 연방 인디언들의 지혜는 미국 건국의 아버지들, 즉 조지 워싱톤, 벤자민 프랭클린 등에게도 전달되어 그들이 미국의 초대 헌법을 만들 때, 이 토킹 스틱의 정신을 응용해 효율적으로 작업할 수 있었다고 전해진다.

다른 사람들을 이해하려는 동기보다 나를 이해시키려는 욕구가 앞선 나머지 끊임없이 무언가를 말하고 있는 자신을 발견하고 깜짝 놀랄 때가 많다. 이제는 말을 멈춘 침묵 가운데 고요한 마음으로 상대를 그저 바라봐 주는 것이 오히려 상대방을 이해하는 깊은 단계로 이끌 수 있음을 잊지 말자. 침묵하지 못하면 서로를 이해할 수 없다.

❻ 공감적 대화 습관의 비결 ③
상대방 인정하기

모 출판사 편집장과 함께 식사를 나눌 때의 일이다. 이런 저런 대화를 나누던 중에 어느 유명한 시인에 대한 이야기가 화제에 올랐다. 편집장이 고개를 가로저으며 푸념을 늘어놓았다.

"그 시인 참 지독해요. 한번 맞춰보실래요? 그분이 자기 이름을 걸고 시 한 편을 출간하는 데 몇 번을 교정하는지 아십니까?"

장인정신이 한참 부족한 나는 교정을 한다고 해 봐야 열 번 이내일 것이라고 생각해 큰 마음 먹고 이렇게 답해 보았다.

"글쎄요. 한 50번?"

편집장이 그럴 줄 알았다는 표정으로 흘겨보더니 회심의 미소를 지으며 대답했다.

"천 번이에요 천 번. 그 양반, 최소한 천 번을 고쳐 써야 직성이 풀리는 양반이랍니다."

평소 그 시인의 작품들을 매우 좋아했던 나는 큰 충격을 받았다.

그날 회의를 마치고 내려오는 KTX 객실에서 곰곰이 생각에 잠겼다.

'이 시대에 정말 위대한 작품을 쓰기 위해서는 그 시인처럼 치열하게 자신과의 싸움을 해야 하는 거로구나.'

천재 작곡가로 알려진 모차르트의 경우도 예외가 아니었다. 뉴욕에서 활동하는 트와일라 타프Twyla Tharp라는 여류 무용가가 쓴 《천재들의 창조적 습관》을 읽던 중에 알게 된 내용이다. 보통은 모차르트를 신동으로 생각해 머리에 떠오르는 영감을 오선지에 쓱쓱 그려내기만 하면 최고의 작품이 되었던 것으로 착각하는데, 실제로는 그렇지 않았다고 한다. 모차르트가 평소 얼마나 작업에 심혈을 기울였던지, 죽은 후에 그의 오른손을 살펴보니 손 모양이 뒤틀려 있었다고도 한다. 모차르트는 작곡에 사용하는 깃털 펜을 너무 오랫동안 쥐고 일해 손의 구조가 왜곡될 정도로 치열하게 자신과의 싸움에 몰입했던 인물이다.

다 빈치는 〈모나리자〉의 부드러운 미소를 표현하기 위해 수없이 많은 시간을 작품에 쏟아 부었다. 대략 1만 시간 정도를 투자했다고 한다. 하루에 8시간씩 작업한다고 가정하고 1주일에 6일 꼬박 일했을 때, 무려 4년 동안 한 주도 멈추지 않고 중단 없이 작업해야 1만 시간을 채울 수 있다.

며칠 후 다시 KTX를 탈 일이 있었다. 의자에 몸을 묻고 잠시나마 눈을 붙이려 하는데, 앞 좌석 등받이에 끼워져 있는 〈KTX 매거진〉이라는 잡지가 눈에 들어왔다. 거기에 눈에 확 뜨이는 인터뷰 기사가 있었다.

당시 인기를 끌고 있었던 한국영화 〈타짜〉의 원작자였던 허영만 화백을 취재한 내용이었다. 허 화백은 앞에서 언급했던 그 시인이나, 천재로 알려져 있지만 지독하게 자기와의 싸움을 통해 주옥 같은 작품들을 발표하는 여느 대가들과는 다른 작가였다. 일단은 작품의 발표 속도가 무척이나 빠르다. 주요 신문에 연재하는 것만도 동시에 서너 편을 함께 진행하고 단행본으로 출간되는 작품도 계속 쏟아져 나온다. 보통 이렇게 다작多作을 하면 작품의 질이 떨어져 독자들이 외면하기 쉬운데, 허 화백의 경우는 시간이 흐를수록 오히려 더 좋은 작품이 나오고 독자들도 갈수록 늘어났던 것이다. 이 이해하기 힘든 현상에 대해 늘 그 이유가 궁금했던 차였다. 주의 깊게 기사를 읽다가 놀랄 만한 사진 한 장을 발견했다. 허 화백이 책상 앞에 붙여 놓은 종이에 적힌 열 글자였다. 연필로 휘갈겨 쓰여진 글자는 다음과 같았다.

> **나 보다 못한 사람은 없다**

'아! 허 화백의 비밀이 바로 이것이었구나!'

책상 앞에 무언가를 붙여놓는다는 것은 남다른 각오를 의미한다. 미국 대학입학시험에 해당하는 SAT 시험에 관한 의미 있는 자료를 본

적이 있다. 책상 머리에 자신이 목표로 하는 대학을 써 붙이고 공부한 학생들과 그렇지 않은 학생들의 SAT 평균 점수는 수십 점 이상 차이가 난다는 것이다. 언어에는 각인력, 견인력, 창조력이라는 세 가지 힘이 있어서 늘 바라보는 곳에 이런 글을 써 놓으면 자신도 모르는 사이에 그런 힘이 인격과 삶, 태도에 스며들게 되어 있는 법이다.

'나보다 못한 사람은 없다.'

잘못 이해하면 무척 자신감 없고 스스로를 비하하는 표현 같지만, 허 화백 같은 분이 이런 글을 써 놓았다면 이야기는 달라진다. 그 정도면 세상 누구에게도 당당히 이렇게 말할 수 있는 위치가 아닐까?

'나보다 잘난 사람은 별로 없다.'

그런 마음이 불쑥 치고 올라올 때마다 그는 작업대 앞의 메모지를 바라보면서 스스로의 마음을 달래지 않았을까? 만화는 공동으로 작업해야 하는 경우가 많다. 원작자와 만화가가 구분되는 경우도 있고, 어느 정도 이름이 있는 작가들은 세부 작업들을 문하생들에게 시키는 경우도 있다. 취재를 다니며 늘 누군가를 만나야 하고 가치 있는 정보들을 수집해 작품에 반영하는 일은 모두 사람과의 관계를 전제로 하고 있다. '나보다 못한 사람은 없다'라는 마인드로 사람을 대한다는 것은 타인을 존중하고 인정하는 태도이다. 여기에는 필연적으로 '겸손'이 전제되어 있다. 나를 낮추지 않고 타인을 진심으로 존중하는 일은 불가능하다. 겸손한척하는 것이 아니라 진정으로 자신을 낮추는 마음이 있어야 비로소 다른 사람을 존중하고 인정할 수 있다.

노자의 《도덕경》 8장에 보면 이런 구절이 등장한다.

水善利萬物而不爭, 處衆人之所惡
수선리만물이부쟁, 처중인지소오

물은 만물을 이롭게 해 주지만 공을 다투지 않는다.
모든 사람들이 싫어하는 낮은 곳으로 흐른다.

물은 내가 저 사람을 길러주었다고 일일이 말하지 않는다. 그저 만물을 길러주기만 할 뿐 자신이 한 일에 대해 그 공을 남과 다투지 않는다. 또한 모든 사람들이 가장 싫어하는 낮은 곳으로 흐른다는 겸손의 철학을 우리에게 알려주는 존재다. 바다가 모든 물 중의 으뜸이 되는 것은 계곡물, 시냇물, 강물 중에서 가장 낮은 곳에 자리잡고 있기 때문이 아니던가.

잭 캔필드Jack Canfiled는 이렇게 말했다.
"겸손이란 자신의 중심이 낮은 곳으로 이동되어 있는 상태를 말한다."
누군가를 진정으로 이해하기 위해서는 낮아지는 마음이 필요하다. 영어로 이해를 의미하는 단어가 Understand이지 않은가. 이 단어는 under와 stand, 두 단어가 결합되어 생긴 말이다. 낮은 곳에 서는 것, 한 계단 아래 서 보는 것, 그것이 바로 이해의 지름길이라는 의미인 것이다. 겸손히 타인을 인정하는 태도를 취하는 것이야 말로 그 사람을 진정으로 이해하기 위한 첫 걸음이다.

아래 그림에서 어떤 글씨가 보이는가?

hate를 먼저 본 사람도 있고 Love를 먼저 본 사람도 있을 것이다. 이 그림은 인터넷에서 우연히 발견한 것인데 아무런 과학적 근거가 없는 심리 테스트라고 한다. 평가는 이렇다. hate가 먼저 보인 사람들은 반성해야 한단다. 요즘 인간관계가 까칠해지지 않았나 살펴보란다. 반면 Love가 먼저 보였던 사람들은 요즘 관계의 지수가 높으니 계속 분발하기 바란다고 써 있었다.

나는 hate가 먼저 보였다. Love를 찾아내기 위해서는 한참을 끙끙거려야 했다. 관계에 약한 나 자신을 많이 반성하게 한 그림이었다.

한편으로는 이 퀴즈를 보면서 이런 생각도 들었다.

'오, 그렇구나. 사람에게는 이 두 가지 측면이 모두 존재하는 거야. Love, 지극히 사랑스러운 모습은 누구에게나 있지. 반짝반짝 빛나는 그 사람의 보석 같은 강점들, 훌륭한 성품, 태도. 이런 것들은 찾아보면 누구에게나 있을 거야. 또 정반대로 hate의 요소도 누구에게나 있지 않던가. 나를 불편하게 만드는 그 사람의 약점, 나를 분노케 하는 취약한 부분들. 아무리 노력해도 수용하기 어려운 까칠하고 모난 부분들이 분명 누구에게나 있어. 인간이라면 누구나 이 두 가지 측면이 공존하고 있는 거야.'

이런 깨달음은 내게 큰 자유를 선물해 주었다. 나를 힘들게 하고 아프게 하는 사람들을 떠올려 보았다. 곰곰이 생각해보니 그들의 잘못이 아니었음을 깨달았다. 유독 그들 안에 존재하는 hate의 모습을 바라보고 싫어하고 힘들어 했던 것은 내 선택의 문제라는 것을 알게 된 것이다. 우리가 누군가의 hate에 초점을 맞추고 계속 바라보면 그만큼 hate 요소는 강화될 것이고, 반대로 누군가의 Love에 초점을 맞추고 계속 바라보면 그 아름다운 모습이 점점 더 빛나게 될 것이다.

사람은 태어나서 어른이 될 때까지 대략 50만 번의 질문을 던진다고 한다. 어쩌면 우리의 생은 살아오면서 던진 질문들에 대한 타인들의 반응들이 모이고 또 모여 이루어지는 것이 아닐까? 역설적으로 나 또한 누군가에게 수없이 많은 질문을 받았을 것이고 그의 hate와 Love 중 어디에 초점을 맞추며 반응했는지를 점검해 볼 필요가 있다.

겸손하게 자신을 낮추며 한 계단 아래 서서 타인을 인정하고 Love의 요소에 초점을 맞춘 인물 중 역사상 최고의 챔피언을 뽑아 보라면 앗씨시의 성자 성 프란체스코를 떠올리게 된다. 성 프란체스코는 다른 사람들의 말에 공감을 잘 해주기로 유명하다. 사람들의 말에 귀를 기울인 것은 물론이거니와 심지어 자연 만물들의 이야기에 귀를 기울일 줄 알았고 미물들과도 소통할 수 있었던 신비로운 인물이었다. 새들과 대화를 나눴으며 구름이 흘러가며 한 이야기를 들었고 나무의 신음을 이해했다.

성 프란체스코가 쓴 〈평화의 도구〉라는 시에는 이런 표현이 나온다.

오, 신성한 주인이시여
위로 받기 보다는 위로하게 하시고
이해 받기 보다는 이해하게 하시고
사랑 받기 보다는 사랑하게 하소서

역사상 가장 뛰어난 공감과 소통의 달인, 프란체스코 성자의 잔잔한 고백이 마음을 울린다. 그는 이해 받기 보다 먼저 상대를 이해하는 태도를 갖는 자가 '평화의 도구'라고 노래하고 있다. 세상에 평화가 사라져가고 다툼과 분쟁과 의혹과 오류가 넘치는 이유는 무엇 때문일까? 경쟁의 정글 같은 삶의 치열한 현장은 실로 우리의 삶을 화려하고 편리하며 흥미진진하게 만들어 주었지만, 이내 돌아서면 공허한 마음을 억누를 길 없는 지독한 외로움으로 우리를 몰아가고 있다. 이런 척박한 세상에서 성자는 우리로 하여금 평화의 도구가 되라고 재촉하고 있다. 평화의 도구는 자신이 먼저 이해 받으려는 소극적인 마음에서 벗어나 겸손하고 용기 있게 자신이 먼저 누군가를 이해하겠다고 결단하는 사람이다. 아쉬운 점은 그 숫자가 극히 드물다는 것이다.

누군가에게 이해 받는다는 것은 사람에게 내재된 가장 강렬한 본능이다. 지위고하를 막론하고 갓난아기부터 노인에 이르기까지 인간이라면 누구나 '이해 받고 싶은' 강렬한 욕구를 갖고 있다. 산소가 부족하면 아무것도 할 수 없고 산소 공급을 받을 수 있는 곳으로 탈출하는 것이 급선무인 것처럼 우리 역시 주위에 나를 이해해 주는 사람이 없는 상황을 가장 두려워하게 된다.

'이해 받음'과 '먼저 이해함'의 관계는 수요와 공급의 불일치를 낳는다. 세상에는 서로 먼저 이해 받으려 아우성치며 산소호흡기를 달라고 울부짖는 사람들 투성이고, 먼저 이해하려는 평화의 도구들이 거의 실종되었기 때문에 세상이 힘겨운 것이다.

자신을 낮추고 남을 나보다 낫게 여기며 '나보다 못한 사람은 없다'를 늘 마음에 각인하며 살아가는 삶의 자리에 진정한 평화가 온다. 세상을 움직이는 진정한 에너지는 움켜쥐고 획득하려 몸부림치는 곳으로 몰려가지 않는다. 가장 낮은 곳으로 물이 조용히 흐르듯 세상의 참에너지는 타인을 이해하기 위해 스스로 낮은 곳으로 한 걸음 내려서는 Under, stand의 힘을 갖는 자에게로 지금 이 시간에도 멈추지 않고 조용히 흐르고 있다.

• 에필로그

인생의 무대를 마음껏 날게 하는 위대한 습관의 힘

　나비는 애벌레에서부터 고치가 되기까지 무수한 시련기를 거쳐 마침내 비상한다. 지금 우리는 애벌레의 상태에 머물러 있는 것은 아닐까? 꿈틀꿈틀 이파리 위를 기어 다니며 부지런히 나뭇잎을 갉아먹는 애벌레. 인생을 애벌레에서 끝내지는 말자. 비상을 위해 반드시 필요한 것은 고치 상태의 시련과 고통을 이기는 힘이다.
　비상을 꿈꾸는 애벌레는 어느 순간 자신의 몸에서 빛나는 흰색 실을 뽑아내어 온몸을 그 신비로운 실로 감아 고치를 만들고, 틀 안에서 조용하지만 치열한 시간을 갖는다. 마치 죽어 버린 듯한 고요함이 계속되다가 마침내 장엄하게 부활한다. 고치를 뚫고 죽을 힘을 다해 비틀거리면서 불가능에 가까운 사투 끝에 애벌레는 나비가 되어 창공을 향해 훨훨 날아오르지 않던가! 이 과정이 힘들어 보여 누군가가 고치 입구를 넓혀주면 그 나비는 쉽게 고치를 빠져 나온 대신 날아오르지 못하고 바닥에 떨어져 퍼덕이다 이내 숨을 거두고 만다. 그 고통의 시기를 스스로 뚫고 나올 수 있어야 비로소 꿈을 향해 날아 오를 수 있다는 놀라운 자연 법칙을 나비는 우리에게 보여주고 있다.

나비의 비행 능력은 얼마나 대단한가! '작은 멋쟁이 나비$_{painted\ lady\ butterfly}$'는 고치 상태를 벗어나면 아프리카 북부에서 지중해를 날아 스위스를 지나 북유럽의 스웨덴과 노르웨이까지 장거리를 집단으로 이동할 수 있다. '모나크 나비'도 남아메리카에서 고치를 뚫고 나와 북미의 멕시코 산악지대까지 수천 킬로미터를 가볍게 비행한다.

좋은 습관은 이와 같다. 자신의 몸에서 뽑아낸 실로 고치를 만드는 아픔, 죽음과 같은 고요, 그리고 고치를 뚫고 나오는 자신과의 최후의 일전을 통과한 사람들에게 주는 선물이자 축복이다.

애벌레처럼 평생 몇 십 미터를 꿈틀대다 삶을 마칠 것인지 아니면 수천 킬로를 비행하는 최후의 찬란한 승리를 맛볼 것인지는 모두 자신의 선택에 달려있다. 모쪼록 이 책을 읽은 모두가 아름답고 행복한 나비가 되어 인생의 무대에서 마음껏 날아오르기를 응원한다.

이 포럼을 통해 습관 4 '뿌리깊은 독서'에서 강조하는 수직 독서를 더욱 효과적으로 체질화하고 인문고전 독서의 세계에 한 걸음 내딛는 경험을 하실 수 있습니다. 인문고전 독서는 탁월한 성과를 보장하지만 홀로 부딪쳐 성공하기에는 너무나도 높은 장벽이 곳곳에 도사리고 있습니다.

필자는 균형 잡히고 뿌리깊은 수직 독서야말로 대한민국의 미래를 근본부터 갈아엎을 조용한 혁명으로 생각하고 뜻을 함께하는 소수의 동지들을 모으고 있습니다.

본 포럼의 루트 앤 윙 인문고전 읽기 코스는 총 12년 과정, 100레벨로 구성되어 있으며 각 레벨별로 스스로 공부한 후 포럼 인증센터에서 발급한 패스포트로 인증을 받고 온라인에서 공동체와 함께 그 결과를 게임 방식으로 공유하는 흥미진진한 과정입니다.

각 레벨별로 자세한 지침을 안내하는 워크북이 제공되며 누구라도 성실하게 본 과정을 따라오면 인문고전 독서의 체질화를 통한 사고계의 혁명적 변화를 얻을 수 있도록 설계되어 있습니다.

학교에서 다음 세대를 가르치는 교사들, 가정에서 자녀들에게 인문고전 독서를 시도해 보고 싶은 부모들, 인문학적 성찰로 더욱 깊이 있고 행복한 회사를 만들기 원하는 경영자들, 진정한 자기계발에 도전해 보고 싶은 모든 이들을 진심으로 환영합니다.

한국인문고전 독서포럼지기 조신영

주위의 동료들과 7명 이상 소그룹을 이루어 본 과정에 참여를 신청하시면 이 책의 저자이자 한국인문고전 독서포럼지기인 조신영 작가와 〈저자와의 만남〉을 가지실 수 있습니다.

안내를 원하시는 분들은 아래 주소로 메일 주시기 바랍니다.
문의: forum@rootandwing.net

www.rootandwing.net

성공하는
한국인의
7가지 습관
루트앤윙

1판 1쇄 발행 | 2012년 10월 25일
2판 5쇄 발행 | 2019년 1월 15일

지은이 조신영
펴낸이 김기옥

경제경영팀장 모민원 기획 편집 변호이, 김광현
커뮤니케이션 플래너 박진모
경영지원 고광현, 임민진
제작 김형식

디자인 제이알컴
인쇄 · 제본 민언프린텍

펴낸곳 한스미디어(한즈미디어(주))
주소 121-839 서울특별시 마포구 양화로11길 13(서교동, 강원빌딩 5층)
전화 02-707-0337 | 팩스 02-707-0198 | 홈페이지 www.hansmedia.com
출판신고번호 제 313-2003-227호 | 신고일자 2003년 6월 25일

ISBN 978-89-5975-487-8 13320

책값은 뒤표지에 있습니다.
잘못 만들어진 책은 구입하신 서점에서 교환해 드립니다.